童話大師的故事

編輯序

當孩子不愛讀書……

慈濟傳播人文志業中心出版部

親師座談會上，一位媽媽感嘆說：「我的孩子其實很聰明，就是不愛讀書，不知道該怎麼辦才好？」另一位媽媽立刻附和，「就是呀！明明玩遊戲時生龍活虎，一叫他讀書就兩眼無神，迷迷糊糊。」

「孩子不愛讀書」，似乎成為許多為人父母者心裡的痛，尤其看到孩子的學業成績落入末段班時，父母更是心急如焚，亟盼速速求得「能讓孩子愛讀書」的錦囊。

當然，讀書不只是為了狹隘的學業成績；而是因為，小朋友若是喜歡閱讀，可以從書本中接觸到更廣闊及多姿多采的世界。

問題是：家長該如何讓小朋友喜歡閱讀呢？

專家告訴我們：孩子最早的學習場所是「家庭」。家庭成員的一言一行，尤其是父母的觀念、態度和作為，就是孩子學習的典範，深深影響孩子的習慣和人格。

因此，當父母抱怨孩子不愛讀書時，是否想過——

「我愛讀書、常讀書嗎？」

「我的家庭有良好的讀書氣氛嗎？」

「我常陪孩子讀書、為孩子講故事嗎？」

雖然讀書是孩子自己的事，但是，要培養孩子的閱讀習慣，並不是將書丟給孩子就行。書沒有界限，大人首先要做好榜樣，陪伴孩子讀書，營造良好的讀書氛圍；而且必須先從他最喜歡的書開始閱讀，才能激發孩子的讀書興趣。

根據研究，最受小朋友喜愛的書，就是「故事書」。而且，孩子需要聽過一千個故事後，才能學會自己看書；換句話說，孩子在上學後才開始閱讀便已嫌遲。

美國前總統柯林頓和夫人希拉蕊，每天在孩子睡覺前，一定會輪流摟著孩子，為孩子讀故事，享受親子一起讀書的樂趣。他們說，他們從小就聽父母說故事、讀故事，那些故事不但有趣，而且很有意義；所以，他們從故事裡得到許多啟發。

希拉蕊更進而發起一項全國的運動，呼籲全美的小兒科醫生，在給兒童的處方中，建議父母「每天為孩子讀故事」。

為了孩子能夠健康、快樂成長，世界上許多國家領袖，也都熱中於「為孩子說故事」。

其實，自有人類語言產生後，就有「故事」流傳，述說著人類的經驗和歷史。故事反映生活，提供無限的思考空間；對於生活經驗有限的小朋友而言，通過故事可以豐富他們的生活體驗。一則一則故事的累積就是生活智慧的累積，可以幫助孩子對生活經驗進行整理和反省。

透過他人及不同世界的故事，還可以幫助孩子瞭解自己、瞭解世界以及個人與世界之間的關係，更進一步去思索「我是誰」以及生命中各種事物的意義所在。

所以，有故事伴隨長大的孩子，想像力豐富，親子關係良好，比較懂得獨立思考，不易受外在環境的不良影響。

許許多多例證和科學研究，都肯定故事對於孩子的心智成長、語言發展和人際關係，具有既深且廣的正面影響。

為了讓現代的父母，在忙碌之餘，也能夠輕鬆與孩子們分享故事，我們特別編撰了「故事home」一系列有意義的小故事；其中有生活的真實故事，也有寓言故事；有感性，也有知性。預計每兩個月出版一本，希望孩子們能夠藉著聆聽父母的分享或自己閱讀，感受不同的生命經驗。

從現在開始，只要您堅持每天不管多忙，都要撥出十五分鐘，摟著孩子，為孩子讀一個故事，或是和孩子一起閱讀、一起討論，孩子就會不知不覺走入書的世界，探索書中的寶藏。

親愛的家長，孩子的成長不能等待；在孩子的生命成長歷程中，如果有某一階段，父母來不及參與，它將永遠留白，造成人生的些許遺憾——這決不是您所樂見的。

作者序

故事背後的故事

◎涂心怡

世世代代流傳，只要一提起故事名稱，無論大人或是小孩，幾乎人人就能脫口的說出故事情節……我想，能被這般牢記的故事，非兒童故事莫屬了，多數的曠世文學作品還做不到這一點呢！

上述這段話一點也不誇張呵！我們這就來做一個小測驗——正在讀這本書的小朋友，你能說出《白雪公主》的故事嗎？正在陪讀的家長們，你們能說出《愛麗絲夢遊仙境》的故事情節嗎？

嘿！想必你們都能！

兒童故事伴隨著一代又一代的兒童成長，帶來夢想、歡樂、驚奇以及啟發，我也是其中的受惠者之一。然而，我卻從來沒有想過，這些故事是為何而產生的，總認為他們只是作者創意的產物，憑空就出現了！

著手撰寫這本書之後，才驚訝的發現，這些兒童故事的創作背後，都有著更強大、更動人心弦的生活故事，屬於那些創作兒童故事的人；他們歷經了歡笑、痛苦、挫折以及人生的酸甜苦辣，進而以不一樣的態度將之轉化並創作出這些精采的兒童故事。

可是，又有多少人知道他們背後的這些故事呢？

一直以來，故事本身總是比作家還要有名。談起「愛麗絲」，人人都知道她是追著兔子跑進奇異樹洞的小女孩，卻沒有人能具體的說出它的作者是一個口吃、跛腿卻相當樂天的人。

說起「彼得潘」，大家腦海中會立即浮現穿著綠葉做的服裝、永遠都長不大的小男孩影像；卻不清楚，創作出他的人，是為了安慰喪子的傷心母親、而穿起哥哥的衣服假扮兄長的孝子。

越是深入瞭解，我更是欲罷不能，亟欲探索每一個兒童文學家的人生背景以及創作根源。

《木偶奇遇記》的結局原本是悲傷的；由於小讀者們的請求，讓作者卡洛．科洛迪決定改寫成歡樂的結局。他真是一位溫暖的人，不是嗎？

哇！臺灣便利超商曾推出的集點贈品——派丁頓熊，原來真有其熊耶！是作者到百貨公司避寒，看見空蕩蕩的架上剩下一隻小熊乏人問津，覺得它很可憐，於是把它帶回家……這段故事令我為之著迷，甚至認為遠比派丁頓熊的故事還要來得感人呢！

身為一名文字創作者，我也深深佩服著夏爾．佩羅與格林兄弟，為了收集民間故事，不知道走訪多少村莊、經歷多少晝夜，聆聽村民說著屬於他們自己版本的故事，這可是相當曠日廢時的田野調查！相對的，現代的我幸運多了，只要坐在冷氣房中，動動手指頭上網，就能找到一大堆的資料以及他人的心得文。

在查閱兒童文學家資料的那段日子裡，我內心時常覺得不可思議。小時候，我為他們所寫的故事著迷：在小王子的故事中找到勇氣，在派丁頓的故事中尋求溫暖，在愛麗絲的故事中找到驚奇……

沒想到，長大之後，我再一次的從這些故事的創作者中，得到其他的體悟——我在《小王子》的作者安東尼．聖修伯里身上，找到夢想；在派丁頓熊的作者麥可．龐德的身上，看見慈悲；也在愛麗絲的創作者路易士．卡洛爾的人生態度中，習得樂觀。

完成此書，內心滿滿是感謝；謝謝你們，兒童文學家們，帶給孩童時期的我以及長大成人的我，那麼多、那麼美的故事。

喔！我有太多太多的心得想跟你們分享了！這些兒童文學家本身的故事非常精采，絕對不輸給他們所創作的故事！請盡快翻開這本書吧！當你閱讀到最後一頁時，你一定會懂我內心的感動。

目錄

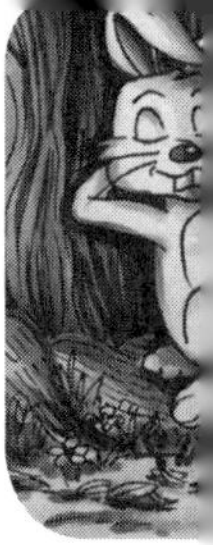

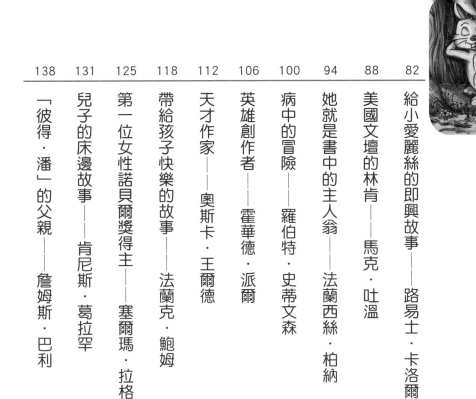

奴隸故事宗——伊索

西元前六世紀，在古希臘一個純樸的村莊中，有一個「奇特」的小孩，名為伊索（Aesop, 西元前620年—西元前560年）。

為什麼說他奇特呢？因為他不像一般的孩子那麼討人喜歡；他的手臂很短，嘴唇很厚，皮膚黝黑，外貌相當醜陋，連家族的人都以他為恥。

還好，他的母親仍然非常愛他。

「我的小寶貝，媽媽今天要講個新的故事給你聽。」伊索的媽媽每次從農田中辛勤工作回家後，總是會抱著伊索，講故事給他聽。

伊索好愛像這樣被媽媽抱在懷裡，聽著媽媽說故事；只有這個時候，他才能感受到一絲絲親情、一點點溫暖；讓他覺得這個世界上至少還有一個人愛他，不會像其他人一樣對他冷言冷語、呼來喚去。

「你有手有腳還想偷懶？快去田裡工作，否則不准吃飯！」伊索的舅舅時常對他發脾氣，強迫小小年紀的他到田裡做粗重的工作。

善良又勤奮的伊索毫無怨尤的工作著，他告訴自己：「只要夠努力，終有一天能獲得好運的。」但是，他這小小的心願卻隨著母親去世而難以實現。舅舅在喪禮結束之後，就無情的將他賣給富人當奴隸。

在古希臘時期，階級制度分明，在社會階層頂端的是貴族、地主，最底層的就是奴隸與農奴，只能被他的主人當成財產。

從此，伊索就被當作東西一樣買賣，從一戶人家賣到另一戶人家。當時，奴隸的命運是沒有人權可以爭取的，受到虐待也沒有113婦幼保護專線可以求救，只能忍耐再忍耐，咬牙撐過去；不過，運氣好的時候，偶爾也會遇到好人家。

伊索曾服侍過一位哲學家，在他那裡習得知識；後來又服侍過一位很善良的老爺，非常欣賞伊索講故事的天分。

「兔子很驕傲，因為他跑得很快，覺得跟烏龜賽跑一定會贏……」或許是遺傳自母親說故事的天分，伊索說的故事，大家都很喜歡聽。老爺聽了幾次後，發現故事都充滿寓意；比如《龜兔賽跑》，就是要勸誡人們不可狂妄自大與半途而廢。

老爺慧眼獨具，認為伊索是一位非常有智慧的人。

「伊索，你是個人才，不應該當奴隸的，我決定讓你回到一般平民階層。」老爺和藹的鼓勵他，「去吧，你可以運用你的故事跟智慧，做出對社會有益的事。」

獲得自由之身後，伊索開始遊歷各個城邦講故事給人們聽。他編的故事以動物、昆蟲為主角；故事雖短，

但內容都深具意義，主要是教導人們待人處事的道理與智慧。

有一次，他來到雅典城。這裡的君主庇西特拉圖是一位賢君，卻有一群反對他的人一直要把他拉下王位，造成他被放逐了兩次。

伊索覺得很可惜，就對雅典人民講了個《青蛙求國王》的故事：「青蛙們原本無拘無束，有一天卻起了紛爭——他們希望上帝給他們一位國王。上帝先送來了木樁公子，青蛙嫌他不夠有魄力；於是，上帝又送來凶暴的鸛鳥，他把不聽話的青蛙一個個吃下肚……」

他以這個故事勸阻雅典人用珍貴的鑽石去換一顆沒用的石頭，糊里糊塗的將庇西特拉圖這位得來不易的明君換成暴君或昏君，做出得不償失的傻事。

或許是伊索的故事起了效果，庇西特拉圖得以繼續擔任執政官治理雅典。日後，他做了許多城市建設、擴展海外貿易，雅典在他的執政下變得相當繁榮強盛；他提升社會底層的生活，奴隸與農人因此獲得比以前更有尊嚴的生活。

於是，伊索笑著離開雅典城，繼續前往下一個城邦，對人們講述他改編的故事。

給小朋友的貼心話

其實，是否真有伊索這個人，至今仍然無法確定；不過，人們肯定的是，自古希臘時期流傳下來的《伊索寓言》（*Aesop's Fables*），教會了世世代代的人們許多道理。

《伊索寓言》運用了豐富的想像力，將動物們擬人化來說故事。你也可以試試看，利用你身邊熟悉的事物，編出屬於你的寓言吧！

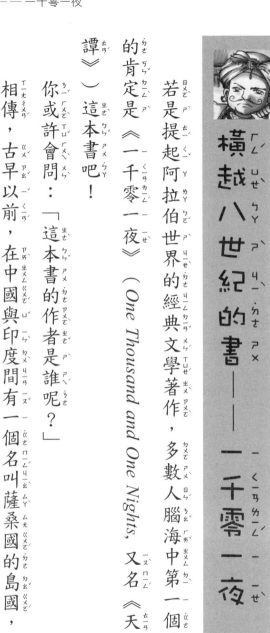

橫越八世紀的書——一千零一夜

若是提起阿拉伯世界的經典文學著作，多數人腦海中第一個浮現的肯定是《一千零一夜》（*One Thousand and One Nights*, 又名《天方夜譚》）這本書吧！

你或許會問：「這本書的作者是誰呢？」

相傳，古早以前，在中國與印度間有一個名叫薩桑國的島國，在位二十年的國王魯雅爾是名聞遐邇的君王，直到他發現王妃對他不忠誠。

他一氣之下將王妃處死。為了報復，他每日娶一個少女，隔日一早就把新王妃殺死；就這樣持續了三年多，人民苦不堪言。

當朝宰相負責為國王尋找新王妃；他很痛苦，卻敢怒不敢言。王國中的女性因恐懼而逃往他國，宰相再也找不到適當人選。萬念俱灰的宰相坐在家中，等著國王派人來殺他。

「爸爸，讓我嫁給國王吧！」宰相的美麗女兒謝拉莎德自告奮勇，她是一個聰明又有智慧的女人。

「親愛的女兒，我不能失去妳！」宰相痛苦的說。

「父親，我有方法可以治癒國王內心的病，請讓我去吧！」

謝拉莎德嫁給國王後，每天晚上都為國王講精彩的故事；但是，她總是講到一半時，天就亮了；國王為了聽到結局，只好一再延後殺她。直到一千零一夜後，國王被王妃的故事收服，也被她所感動，決定與她白頭到老。

「我以阿拉的名義發誓，決不會殺妳。」國王並召來書吏官，「把王妃的故事都記錄下來，永遠保存。」

就這樣，《一千零一夜》誕生了。

所以，作者是謝拉莎德王妃嗎？

很可惜，這只是《一千零一夜》開頭的故事而已；不過，這也凸顯出這本書的特別之處。根據統計，《一千零一

夜》總共有一百三十四個大故事，每個大故事中又發展出數個小故事。

這本規模宏大的文學巨著，讓許多著名文學家都為之傾倒，甚至有人說：「上帝啊，請讓我忘記《一千零一夜》的故事情節吧！這樣我才能再讀一次，重溫書中的樂趣！」

不僅如此，它也對西方文學、藝術音樂、舞蹈、繪畫、甚至文藝復興運動產生巨大影響，許多著名作品裡都能看見《一千零一夜》的影子。

那麼，作者究竟是誰呢？

這本經典的兒童文學作品，其實是集結當時流傳的民間故事，納編的地區相當廣大，東自印度、波斯，西至埃及、北非、希臘；集結的時間大概是從九世紀開始到十六世紀，長達八百年！

所以，在這些故事中，讀者彷彿也跟著其中人物的經歷，目睹那個時代的背景，從封建制度的王國時期遊歷到大航海的時代；並透過故事，體會什麼是善良與智慧，也明白在邪惡與惡行下會遭受什麼懲罰。

若真要說作者是誰，恐怕是東方國家的人民、市井藝人和文人學士們的智慧與思想結晶。

這些故事經由口耳相傳，也曾有人以手寫的方式記錄下來，但大都因年代久遠而佚失。第一位將這個長達八百年的故事匯集起來並編排印刷的人，不是阿拉伯人，也不是印度人，而是法國的東方學家、古物學家加朗（Antoine Galland）呵！

所以，這本書的作者是誰呢？或許就跟書名裡的數字一樣，是由「一千零一個」那樣多的人所寫成的吧！

給小朋友的貼心話

小朋友，你有沒有為了寫作文而苦惱過？很多人都會說自己的文筆不好，所以遇到寫作就一個頭兩個大。其實，寫作並不需要天分，就如同《一千零一夜》裡的故事，大都是市井小民們的生活經驗，再添加一些天馬行空的元素，以口述的方式一代傳一代。

所以，寫作並不難，因為我們的生活就是故事呀！先試著說出或寫下自己的故事吧！

重新創作的民間傳說——夏爾・佩羅

提到〈小紅帽〉、〈灰姑娘〉、〈睡美人〉這幾個經典童話故事，人們往往會說：「我知道！這些全部都是《格林童話》！」沒錯，《格林童話》的確有收錄這幾則民間故事；然而，這幾個名聞遐邇的故事，早在《格林童話》出版的一百多年前，就已經被收錄到另一本著名的童話故事裡了；這本童話故事書，就是法國作家夏爾・佩羅（Charles Perrault, 1628-1730）所出版的《鵝媽媽的故事》（*Mother Goose Tales*）。

在佩羅之前，童話就流傳在不同的家庭與村落之間；人們在閒暇之餘，彼此分享神話及一些街頭故事。一代又一代的口耳相傳，將這些故事越傳越廣；卻也由於沒有以文字記錄下來，轉述者往往都會在說的時候添入一些自己的想像、也遺落一些原本的故事情節。

因此，傳到後來，故事的基本架構還在，細節方面卻有大大小小的出入。

比如〈小紅帽〉，有個版本是我們熟悉的：引誘小紅帽、並吃掉奶奶的是邪惡的大野狼；另一個版本的壞人，卻變成了女食人魔。也有些版本中，主角不是幼童，而是十幾歲的女孩。

佩羅很早就知道故事版本又多又分歧。當時他是法國國王路易十四的文化大臣，參與籌建學院以及一些文化活動，時常走訪民間，因此聽到這些故事。

佩羅發現，光是〈小紅帽〉就有四十多種不同版本呢！他心想：「一個故事竟然有那麼多版本，如果能統一不是很好嗎？」

後來，因為政治鬥爭，佩羅傷心的決定退出政治，從此退隱。但是，退休生活很無趣，讓他很想找些事情來做。

於是，他便著手整理這些童話故事。佩羅不僅整理，也考慮到這是給兒童看的書，因此重新創作，加入自己的想像元素。

「這些故事的情節都太單調了，如果加入一些曲折跟浪漫的成分一定更吸引人！」以〈睡美人〉為例，他就讓城堡內的動物跟著睡美人一起沉睡；這樣一來，睡美人醒來時才不會太孤單。

還有〈小紅帽〉——「這一段實在太過血腥，還是不要寫出來。」因此，他拿掉了野狼讓小紅帽吃下奶奶血肉的情節。

聰明的佩羅越深入這些故事，就越明白每個故事想要傳達的真諦：「這些故事想呈現的，就是樂觀的精神、善良助人，維持忠誠與高尚品德，並唾棄自私、懶惰以及邪惡。」

所以，他在故事裡加強了很多道

德觀念，還對每則故事做了寓意說明。

比如他在〈小紅帽〉故事後寫著：「通過這個故事想要告訴大家，小孩子絕對不能聽信陌生人的話；尤其是美麗又有教養的小孩，都是野狼最想下手的目標。」

佩羅總共蒐集並改寫了十三篇兒童故事，然後以小兒子的名字發表；這本《鵝媽媽的故事》一出版，馬上獲得父母與小孩的喜愛。

「這些故事太有趣了！」小孩這麼說。

「能透過故事教育小孩，真是太棒了！」大人這麼說。

很快的，幾乎所有人都聽過《鵝媽媽的故事》裡的童話了。

難怪有法國評論家這麼說：「我們任何一個人在上學接受教育及

識字之前，就已經讀過一部經典著作了；往後，即使我們不再閱讀與學習，記憶也不會抹去這部著作的故事——那就是佩羅所著的《鵝媽媽的故事》。」

給小朋友的貼心話

我們所熟知的〈小紅帽〉，最終結局是幸運的——小紅帽運用智慧救了自己與奶奶；可是，在佩羅的版本中，小紅帽跟奶奶最後都被大野狼吃掉，結局是悲傷的。

就像佩羅在〈小紅帽〉註解所講的，希望這可以給孩子們一些啟示——千萬別跟陌生人走，否則是很可怕的……從小，爸爸媽媽也是這樣告訴我們的吧！小朋友，想想看，你所讀過的童話還帶給你哪些啟示呢？

做工的人才是貴族——丹尼爾．笛福

十八世紀初期的英國，有個男子時常在不同的酒館裡講述自己的故事；這個男子，是一名叫做塞爾柯克的水手。

「一七〇三年的時候，有一位著名的地理學家，同時也是一位很出名的海盜，他想以兩艘船組成一個船隊去探險新世界。」塞爾柯克的故事吸引酒館裡的其他客人聆聽，讓他覺得很神氣，便滔滔不絕的講下去。

「當時，我是船長的助手，擔任其中一艘船的領航員。」

說到這兒，他脾氣就來了；「船長是一個很可惡的人！我告訴他船艙漏水需要修理，他偏不聽，我就跟他吵起架來了！」

「船長是整個船隊最權威的人，你怎麼敢跟他吵架？」一旁的聽眾問。

塞爾柯克嘆了一口氣說：「船長為了懲罰我，就半途將我放逐到荒無人煙的小島上。」

這個南太平洋的小島上一個人也沒有，也幾乎沒有船隻經過，塞爾柯克必須想辦法在這個小島上活下去！

「我身上只有槍枝、火藥、衣服；其他水手很好心，臨別前還塞了一床棉被跟一本《聖經》給我。」

他以彈藥打獵，運用島上的尖銳石塊砍伐樹枝，簡單搭了一間勉強能遮風蔽雨的棲身之所；衣服破了，就將襪子拆解成一縷縷的線，方便縫補。

日復一日，年復一年，塞爾柯克靠著自己的智慧與勞動在荒島上存活了下來。他每天祈求上帝：「快讓船隻經過這兒，把我救出去吧！」

上帝彷彿真的聽見了他絕望的祈求；四年又四個月後，一艘英國的船駛向這座小島。

原來，船長眼看船上的飲水存量已經不足，就吩咐一名水手：「去島上尋覓水源，取些可以飲用的淡水回來。」

沒多久，水手回到船上，手上提了一桶淡水，還帶回一個身著獸皮、灰頭土臉又瘦弱不堪的男人，他就是塞爾柯克。

於是，塞爾柯克就這樣結束了荒島的日子。

他的經歷實在太特別了，不僅被當地媒體熱烈報導，還吸引了一位作家的注意。

「這無疑是一個非常好的寫作題材！我應該以這個故事為基礎，撰寫一個全新的冒險故事！」當時五十九歲的丹尼爾．笛福（Daniel Defoe, 1660-1731）是一名商人，也是一位新聞

記者，寫過不少政治方面的小冊子。

笛福對政治很有興趣，一度參與反抗起義。他最討厭那些因門第而驕傲的貴族，時常向朋友說：「那些貴族因為頭銜而富貴；但在我看來，沒有流下一滴辛勞汗水的他們，才是社會最底層的人。」

「那麼，在你心中，什麼樣的人才是最高貴的呢？」朋友問他。

「做工的人！」笛福肯定的說，

「人的祖先就是做工的人。靠著雙手努力的存活下來，這才是真正的貴族！」

因此，當他聽到塞爾柯克靠著雙手與智慧在荒島上獨自生活四年多，靈感就從四面八方竄入腦中！

五十九歲的笛福拿起筆，沉浸在寫作的愉悅中；他筆下的主角漂流到一座杳無人煙的荒島，靠著雙手與智慧、意志與信念，獨自在荒島上度過二十八個年頭，最終獲救而回到家鄉……這樣的角色，完美的呈現了他心中的意念——做工的人，才是真正的貴族！

這本名為《魯賓遜．克魯索》（*Robinson Crusoe*）、中文翻譯為《魯賓遜漂流記》的小說，是笛福的第一本小說，也是他一生的代表作，更讓他被後世譽為「小說之父」！

給小朋友的貼心話

一九六六年，塞爾柯克居住四年多的荒島，更名為「魯賓遜．克魯索島」；此一命名，作為對塞爾柯克的禮讚，以及對笛福的紀念。

想像一下：倘若有一天你漂流到那個島上，身邊只能帶五種工具，你會帶哪些工具？你會如何運用這些工具讓自己活下來呢？

用故事嘲諷政治——喬納森·斯威夫特

「斯威夫特，為什麼你總是不好好念書呢？你的神學與哲學成績一塌糊塗！」學院老師看到剛出爐的成績，對喬納森·斯威夫特（Jonathan Swift, 1667-1745）又怒又氣。

「我對這兩個課程並不感興趣。」斯威夫特坦白的說。

「那麼，請你告訴我，你喜歡什麼？」

小男孩眼神一亮的說：「歷史跟文學！」

老師搖搖頭，嘆了一口氣說：「你出去吧！」接著，在斯威夫特的文憑上寫下「不堪深造」。

熱愛歷史與文學並沒有錯；但是，斯威夫特就讀的是神學院，老師當然會期待他對神學更感興趣一些。

此時，這位老師萬萬沒想到，長大後的斯威夫特，竟因為他對歷史與文學的熱愛，為國家與人民做出許多偉大的事情！

在學校的「特別通融」下，斯威夫特終於取得文憑。他在母親的遠親、一位退休的外交官家裡擔任私人祕書，並在耳濡目染下，開啟了他對政治的熱情。

一七〇一年，英國與荷蘭、瑞典締結同盟，並對法國發動一場長達十三年的戰爭，史稱「西班牙王位繼承戰爭」。

戰爭帶給人民沉重的負擔，傷亡不斷，百姓饑貧，卻有資產階級能透過戰爭大發災難財！

「英國人民應該要挺起胸膛大聲吶喊，告訴政府我們反對戰爭！」斯威夫特義憤填膺，開始為此撰寫一篇又一篇的宣導文章與小冊子，鼓勵人民起身反抗，也揭發資產階級大發橫財的行為。

「什麼！原來事實是如此！」

「沒錯，我們應該要站出來！」

隨著斯威夫特的文章越傳越廣，

人民反戰的聲音就越來越大。

一七一三年英法停戰，簽訂了《烏特勒支和約》。當時的英國人認為，能夠停戰，斯威夫特功勞不小，因此都稱這個和約是《斯威夫特和約》呢！

之後，斯威夫特持續以寫作反映社會與政治。一七二六年，他完成一部傳世之作《格列佛遊記》（*Gulliver's Travels*）；在故事裡，透過格列佛船長的描述，敘述了他周遊列國的奇特經歷。例如，其中有個小人國，國王只比他的人民高出一個指甲，卻狂妄的以為自己是宇宙統治者；官吏們也無須才德兼備，只要跳繩跳得高就能得到高官厚祿。

「斯威夫特其實是透過虛擬故事在講英國的現況吧！」

「細細閱讀後發現，這本書的內容是在揭露英國社會的黑暗面啊！」

讀者們看了這本書，個個感同身受；再加上故事內容詼諧有趣，深受大人與小孩喜愛，上市不到一週就銷售一空！為此，出版社甚至還要求五間印刷廠同時開工，緊急大量印製以因應市場所需。

斯威夫特的朋友在信中告訴他：「你的書大受歡迎！從內閣會議聽到托兒所，到處都在讀《格列佛遊記》。」

斯威夫特在七十八歲那年走完一生，但他並沒有被世人遺忘；他的思想還透過一本書留存世間，《格列佛遊記》仍然暢銷於世。

給小朋友的貼心話

斯威夫特不僅是一位只懂得搖筆桿的政治文學家；他將自己積蓄的三分之一用於各種慈善事業，還攢存了三分之一的收入為智能障礙者蓋了一間醫院，真是一位仁慈又慷慨的政治文學家。

他勇於對不公不義發聲，又懂得付出、照顧弱勢者，是不是很值得我們敬重呢？

每個孩子都知道的童話——格林兄弟

白雪公主與七個小矮人、穿著玻璃鞋的灰姑娘、女孩的親吻讓青蛙變成王子……這些神奇又浪漫的故事你一定都聽過，甚至還能從頭到尾說出完整的內容吧！

有人曾說，每一個會講故事的孩子，一定都能說出一個出自《格林童話》（*Grimms' Fairy Tales*）的故事。《格林童話》的普及與受歡迎的程度，若說它是世界童話的經典之作，一點也不為過。

這部堪稱為世界奇蹟的童話故事集，是由雅各．格林（Jacob Grimm, 1785-1863）與威廉．格林（Wilhelm Grimm, 1786-1859）合力

完成的，他們是一對只相差一歲的親兄弟。

格林兄弟是德國人，兩人都非常博學多聞，不僅熟知法律，也曾擔任過教授以及圖書館管理員，是德國著名的文學研究家、語言學家以及歷史學家。

他們有一個青梅竹馬的女友，是藥商的女兒。有一天，他們玩得筋疲力盡後坐下來休息，藥商女兒興致勃勃的跟他們說：「我昨天聽到大人講一個故事，有趣極了！」

「是什麼？快說給我們聽聽。」

「有一個女孩，她最喜歡穿著紅色的斗篷。有一天，她要去森林裡探望奶奶……」女孩講的這則故事便是後來我們所熟知的〈小紅帽〉，但當時格林兄弟是第一次聽到。當時有許多類似的民間故事都是靠這樣口耳相傳，還沒有人將這些故事加以蒐集與整理。

當時，兄弟兩人聽得入迷，也開始對民間流傳的故事產生極大興趣。長大後，他們為了研究語言，必須常到各地鄉野拜訪老人家，而從這些老人身上聽到更多流傳在民間的故事。

有一天，他們一同工作時突然興起了一個想法：「這些故事如此迷人，為什麼都沒有人記錄下來呢？」

他們一致認為，這些故事不僅是故事而已，也表達了德語地區人民的心願、幻想與信仰。兩人對於如此能反映德語古老文化傳統的故事著迷不已，深怕若不記錄下來，將來會被世人所遺忘。

「我們應該更重視童話。」他們說，「它不僅擁有文學創作的價值，可愛的故事內容也象徵著童年時光，如同黃金般珍貴的愉快記憶，伴隨著每個人的成長；不僅如此，它也與整個民族共同存在著。」

當時，不知道是誰先開口提議：「不如，就由我們來做吧！」

因此，蒐集民間故事的工作就此展開。哥哥雅各是嚴謹的史學家，負

責蒐集故事，並深入考證這些故事的出處。但是，這些故事幾乎都是沒有受過教育的農民所口述的，有些則來自中產階級的女性，他們都不是專業的說故事者；因此，有時候故事分明很精采，文辭卻不吸引人。

於是，文筆優美的弟弟威廉就擔任潤飾文字的工作，將口頭傳述編寫成引人入勝的篇章。

經過六年的蒐集與編撰，他們終於在一八一二年的聖誕節前夕發表了第一版的童話集，名為《獻給孩子和家庭的童話》，共收錄八十六則德國童話；日後幾十年間，他們又陸續蒐集、編寫，最後總計有兩百餘篇呢！

兩兄弟根據口述材料改寫成的《格林童話》，是世界上首次將這類口頭傳述故事進行有系統的彙編；如此浩大的工程，之前完全沒有人做過。

我們是不是該謝謝格林兄弟呢？如果沒有他們，我們的童年或許就會少了很多樂趣呢！

給小朋友的貼心話

格林兄弟兩人的個性契合、興趣相投，兩人一直同住在一起，一同完成非常多影響後世的巨著，比如《格林童話》、《德語史》等。他們在挑選童話故事時，也精心的分析是否為真正的德語民間故事。

現在，《格林童話》是世界上分布最廣的德語文學作品，銷量僅次《聖經》。試想，這也算是一種為德語發聲的表現吧！小朋友，你也可以試著蒐集你所感興趣的故事呵！

不再三心二意——安徒生

《拇指姑娘》、《賣火柴的小女孩》以及《醜小鴨》的故事，幾乎傳遍世界，許多國家的小朋友都曾聽過。這些家喻戶曉的故事作者，正是丹麥十九世紀最著名的童話作家漢斯．安徒生（Hans Christian Andersen, 1805-1875），他同時也是世界文學童話的創始人呢！

這位在世時被高度讚揚為「給全歐洲孩子帶來歡樂」的兒童故事作家，從小的志願其實並不是寫故事。

安徒生在校園裡是典型的調皮人物，常在課本跟作業本上恣意塗鴉，連一點點空白都不放過。幸好他的老師很善解人意，不但沒有責罵安徒生，反而還買了一盒畫筆送給他。

「既然你這麼喜歡畫畫，那就努力學習吧！」老師鼓勵他。

安徒生拿到畫筆很開心，時常練習，越畫越好。

但是，有一次安徒生參觀一個泥塑作品的展覽，被那些活靈活現的泥人所吸引；「我不要畫畫了，我決定要學泥塑！」

安徒生把原本每天帶在身上的畫筆擱到房間角落，也不在書本上塗鴉了。每天放學後，當別的孩子在玩遊戲的時候，安徒生只是自己躲在角落，拿著一團泥在手中捏來捏去。

安徒生很聰明，學什麼都特別快；沒過多久，他做出來的泥塑作品唯妙唯肖，跟他的畫作一樣令人喜愛，大受老師與同學們歡迎；當初那位送他畫筆的老師，也以他為榮。

有一天，安徒生突然又跟大家宣布：「我不要再學泥塑了，我要去寫故事！」

原來，他在鄰居家發現一本兒童故事書，內容非常精采，安徒生被裡頭的故事深深吸引，他突發奇想：「我也要寫故事給全世界的小朋友看！」

這一次，老師卻不再鼓勵他，反而很生氣的斥責他：「小小年紀，做什麼事情都半途而廢！這樣三心二意的你，今天不要上課了，回家好好反省！」

安徒生無精打采的回到家，奶奶聽他講述後，笑著說：「別不開心了。來，我做了番茄醬，你跟弟弟幫我拿去送給你們姑媽；誰先完成任務，我就獎勵一大塊巧克力蛋糕！」

想到美味的蛋糕，他和弟弟兩人開心的接下任務。走出村子後，他們看到一片小森林，要通過森林有三條路可走。安徒生停下腳步，猶豫不決的想：「要走哪一條路比較近呢？」當他考慮再三的同時，弟弟已經順著一條路走遠了。

待他完成任務回到家，弟弟已經在吃蛋糕了。奶奶走過來，慈祥的告訴安徒生：「只要選對方向，不管哪條路都可以達到目的地。」

天資聰穎的安徒生明白奶奶話中的道理，便對奶奶說：「謝謝您讓我明白，無論做什麼事，都必須要專一。」

從此之後，他全心全意的專注在寫作上；三十歲那年，他出版了第一本童話故事集，之後每年都有作品問世。如今，他的作品享譽國際，已經被翻譯為一百五十多種語言，成千上萬本的安徒生童話故事集在全世界流傳著。

給小朋友的貼心話

安徒生之所以能夠成為一位童話大師，很重要的原因之一是他擁有豐富的想像力；可是，如果小時候他的老師沒有指正他的三心二意，他的奶奶也沒有提點他的不是，或許他寫故事的夢想很快又會變成三分鐘熱度而已；那麼，今日我們就沒有那麼多好看的童話故事可以欣賞了。

小朋友，你們有熱衷的興趣嗎？或許你會在其中遇到瓶頸，請不要輕易放棄，堅持下去，你也可能成為那個領域的佼佼者呵！

改寫結局的《木偶奇遇記》——卡洛·科洛迪

「不可以說謊呵！不然你的鼻子會變長！」

這句話是不是很熟悉呢？爸爸媽媽曾經對你說過這句話嗎？當你不小心撒謊之後，晚上睡覺時會不會從棉被裡伸出手來，不安的摸摸自己的鼻子，看看是不是有變長？

這個「說謊鼻子就會變長」的典故，便來自於義大利的童書《木偶奇遇記》（*The Adventures of Pinocchio*），作者是卡洛·科洛迪（Carlo Collodi, 1826-1890）。

一八八一年七月，科洛迪寫了一個故事，故事內容描述木匠爺爺在路上撿到一塊木頭；沒有孩子的他將木頭雕刻成一個小男孩的模樣，小木頭男孩竟然就像是有生命一般，又唱又跳。後來，爺爺幫他取名為皮諾丘（Pinocchio）。

皮諾丘是個很天真的小孩，但是調皮搗蛋，又很愛說謊，讓爺爺傷透了心。

後來，一位仙女為了要懲罰他，就下了詛咒：「你只要說謊，鼻子就會變長！」

皮諾丘不相信，連說了三次謊，鼻子果然一直變長，長到連在屋子裡都不能轉身。

完成這個故事之後，科洛迪託付郵差，將書稿寄給他在《兒童日報》的一位編輯朋友，並附上一張紙條，上頭寫著：「這是我隨手寫下的傻玩意兒，你看看就好，如果不刊登也無所謂，請隨意處理。」

朋友打開書稿一看，馬上就沉迷於故事情節，於是一字不漏的在日報上連載。

這個隨手寫下的「傻玩意兒」一發表，竟然引起轟動，許多孩子每天都期待著送報人到來！

他們每天期待，終於等到結局——

由於皮諾丘實在太調皮，又愛說謊，最後的下場並不好：「他被兩個強盜吊在一棵大橡樹的樹枝上；被緊緊束縛著的皮諾丘根本無法呼吸，後來就暈過去了。」

小朋友們失望極了！這並不是他們想要的結局！因為，當時的兒童故事幾乎都是好結局。於是，他們紛紛寫信到《兒童日報》。

「皮諾丘好可憐，可以救救他嗎？」

「請再給皮諾丘一個機會吧！」

「皮諾丘一定可以成為一個好孩子的！」

如雪片般飛來的信件淹沒了報社，也讓科洛迪非常感動；「原來有那麼多孩子在看這個故事啊！或許我可以透過這個故事，給孩子們一些啟發。」

「好吧！我們應該給皮諾丘一個機會，只要他能改過向善……」

科洛迪又提起筆，很努力的構思故事。一天又一天的過去，他把故事從原本的十六章節延長為三十六章節；最後，依小讀者們所願，是個歡樂結局。

歷經磨難的皮諾丘在仙女的幫助以及自己的懺悔下，成為一個聽話又懂事的好孩子。仙女看著變好的他，開心的送給他一個大禮物——讓他從木頭人變成一個真正有血有肉的人類！

從此之後，《木偶奇遇記》不僅受到小朋友喜愛，父母們也都爭相購買搶看；他們都透過這個故事，教育自己的小孩要做個誠實又勇敢的孩子。

給小朋友的貼心話

二〇〇五年，幾位美國的考古學家發現真的有皮諾丘這個人！而且就被葬在科洛迪墳墓的旁邊。

原來，真正的皮諾丘是一個侏儒。只有一百三十公分的他，非常勇敢的上了戰場；可是，十五年的軍旅生涯讓他失去雙手、雙腳與鼻子。所幸，一位被稱為「魔術師」的醫生，為他失去的肢體與鼻子裝上木頭，讓他可以像一般人一樣的生活著。

雖然皮諾丘跟一般人不一樣，卻仍然充滿歡笑、很有自信的活著！

無論是小木偶皮諾丘，或是真正的皮諾丘，是不是都給了我們一些啟示呢？他們都是我們的人生導師呵！

以寫作戰勝憂鬱——喬漢娜・斯比莉

在歐洲，有一個國家因為氣候條件以及自然風光而有「世界公園」美譽，那個國家就是瑞士。

提到瑞士，很多人腦中自然而然就會浮現這個國家最著名的景點——阿爾卑斯山；在孩子們的世界中，這座山不僅美麗非凡，還住著一個善良的小天使——海蒂（Heidi）。

你可知道，創作出小天使海蒂這個人物的女作家喬漢娜・斯比莉（Johanna Spyri, 1827-1901），小時候就是在阿爾卑斯山長大的呵！

一八二七年，喬漢娜出生在阿爾卑斯山中一個位於湖畔的小村莊；她的童年正如同筆下的海蒂一樣，是沐浴在金色陽光、呼吸著清新空氣、聞著野花芬芳度過的。他的父親是一位醫生，負責為村落裡的老老少少看病，喬漢娜很小的時候就對病人與窮人滿懷同情心。

二十五歲那年，喬漢娜嫁給了一個志向遠大的律師，並跟隨丈夫搬到城市裡去，告別美麗的山村家鄉。

她的丈夫不僅是位記者，同時是個法律顧問，並鍾情於音樂。

許多婦人都很羨慕喬漢娜：「擁有這麼一位多才多藝的丈夫，您真是太幸福了！」

雖然喬漢娜臉上掛著笑容，心裡卻在啜泣；「有誰瞭解我的無奈呢？」她心裡的苦悶，也只能寫信跟她的朋友說，「我先生最近被提拔擔任這座城市的書記官，因此非常忙碌，陪伴我的時間更少了，我真的好寂寞呵！」「昨天我跟他抱怨；他竟告訴我，應該要開展自己的生活，不要只是當一名家庭主婦，成天待在廚房裡。」

喬漢娜的朋友是一位神父，時常鼓勵她要正面思考。他在回信上鼓勵喬漢娜：「妳先生說得對，家庭主婦也應該要培養自己的興趣。妳想想自己有什麼興趣呢？」

喬漢娜想了想，她想不出自己喜歡做些什麼事情。

婚後三年，她與先生迎來了一個小生命，這是他們愛的結晶，是一個眼睛圓滾滾、笑容燦爛的小男孩，喬漢娜好喜歡他；可是，小男孩的哭聲卻叫她受不了。

「先生依舊忙碌，只有我一個人照顧著孩子；我被他惱人的哭聲折磨得不成人形，我甚至一度在他魔音穿腦的哭聲中萌生想要了結生命的念頭。」喬漢娜無助的在信上寫著，「怎麼辦？我一定是得了憂鬱症。」

幾年來的書信往返，神父從喬漢娜的字句間嗅聞到絕望與痛苦；然而，擁有正面能量的他，也發現了喬漢娜的才能。他告訴喬漢娜：「我的

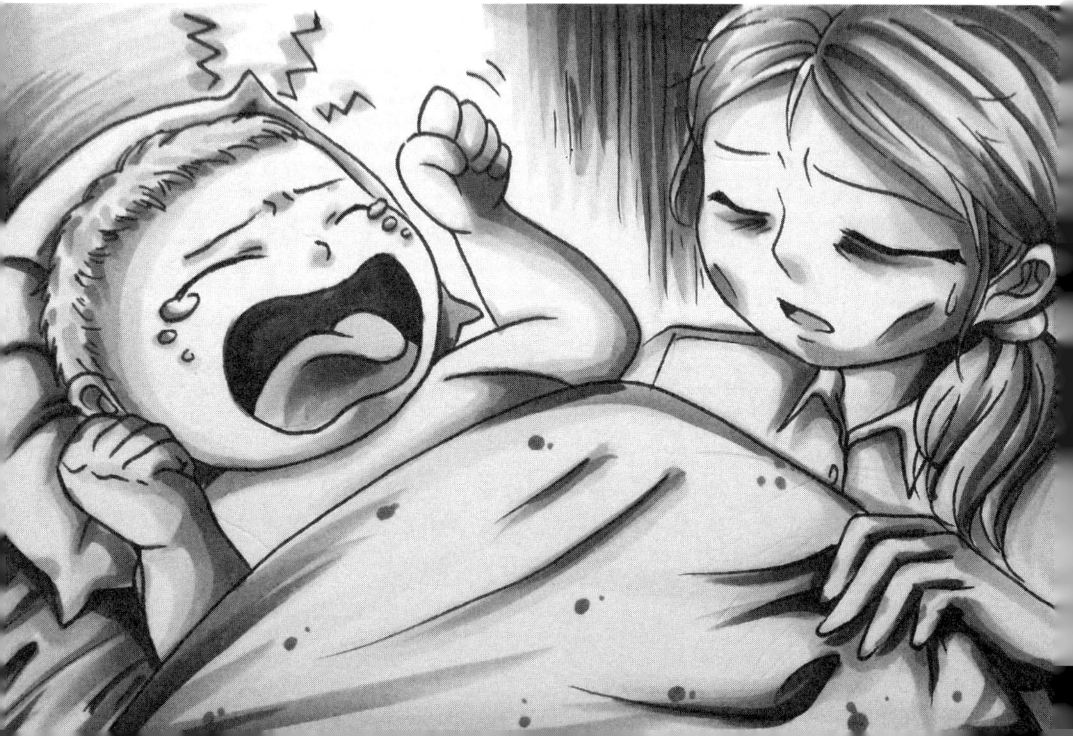

女孩，妳可知道，妳的文采非常優美，又富有情感，何不試著寫作呢？把自己投入字海中，或許可以讓妳忘卻現實生活的苦痛。」

喬漢娜很質疑，卻還是聽從神父的建議，勇敢嘗試。

她成功了！好幾篇小短文都被出版社接納。一八七九年，她把人生中最美好的童年寫入書中，因此誕生了阿爾卑斯山的少女海蒂的故事，陸續出版了《海蒂之學習和旅遊的歲月》與《海蒂之學以致用》，成功登上暢銷作家的寶座，也讓自己脫離了憂鬱症的苦海。

之後，她的母親、兒子與先生陸續離開人世；喬漢娜面對這些打擊，悲痛得不能自已。不過，她不再是當年那個遇到挫折就想自我了結的女人了；她堅定的說：「寫作讓我的悲傷化為力量，我可以靠著寫作戰勝這一切！」

給小朋友的貼心話

如果你讀過海蒂的故事，想必能體會喬漢娜透過文字傳達的溫馨鼓勵；鼓勵他人的同時，其實也是在鼓勵著她自己。文字讓她變得強壯，也讓讀者萌生希望。

小朋友，你有什麼才能呢？發揮你那充滿能量的才華，帶給周遭的人快樂吧！

科幻小說的先驅——凡爾納

一八二八年二月，在法國西部一個名為南特的海港，有一家人正開心的迎接新生命的誕生，這個小男嬰被命名為朱勒．凡爾納（Jules Verne, 1828-1905）。

他們家是虔誠的基督教徒；當洗禮命名日到來時，凡爾納的父親把他抱到全家人的面前，驕傲的說：「我的小朱勒以後也會和我一樣，成為一名律師！」

隨著凡爾納越來越大，父親對他就越來越嚴厲；他也不負所望，從小就品行端正，學業優異。不過，他發現自己對法律並不感興趣，最喜歡的學科是地理，對海洋更有一股狂熱。

「如果我能夠乘上大船，到世界各地探險該有多好！」

有一天，凡爾納跟父親起了爭執，他一氣之下決定離家出走。走出家門，凡爾納並沒有不知何去何從的茫然，他的腳步隨著他的心來到港口。

「我要去實現我的夢想！我想要當一名水手！」

此時正好有一艘即將前往印度的船，船長也願意讓他登船。

「我就要去探險了！印度有什麼呢？大象、廟宇，還有色彩斑斕的服裝！」凡爾納正想得出神，卻被父親找到了。

父親把他從船上揪了下來，將害怕與擔憂全化為咆哮，生氣的對

他說：「我要你答應我，從現在起，你只能靠著想像去旅行，不能真的出門旅行！」

看到父親失去律師應有的冷靜與沉著，凡爾納很害怕。最後，在父親的威嚴下，他不得不流淚點頭：「父親，我答應您，從今以後，我只會靠著幻想去旅行。」

他說到做到，並把他幻想中的旅行化為文字。努力許久之後，他的第一部作品《氣球上的五星期》終於完成了！這是一本描寫乘坐熱氣球去旅行的奇幻故事。

凡爾納充滿期待的將書稿先後寄給十五家出版社；可惜的是，每一家出版社都把書稿退回來。

「只因為我是一個沒沒無名的作家嗎？既然如此，那我也不寫作了！」凡爾納既哀傷又憤怒，拿起書稿，準備要丟入冒著熊熊火焰的壁爐裡。

妻子在一旁看見，衝上前去將書稿搶走，溫柔的安慰他：「再試一次吧，或許會有好運降臨。」

「那就再試一次好了。」這一次，凡爾納終於遇到慧眼識英雄的出版社！

這本書一出版，立刻受到廣大的歡迎。作品的暢銷不僅讓他名利雙收，還讓他自小就豐沛的想像力更加源源不絕。他每天五點起床就端坐在書桌前，一直寫到晚上八點才肯休息，常常寫到兩隻手都腫了，仍樂此不疲。

對他而言，寫作不僅只是工作，還能實現他從小的夢想——旅行與探險。

他將「幻想旅行」寫成一部又一部的著作，比如《地心遊記》、《到月球旅行》、《海底兩萬哩》等，成為第一個以科幻小說成名的作家。

他故事裡的內容，幾乎都是那個時代作不到的事情。比如，《到月球旅行》是一部描寫人類抵達月球探險的書；不過，在他那個年代是不可能辦到的事情，人類在一個世紀之後才有登陸月球的壯舉。

難怪世人提起凡爾納，都會說：「凡爾納真是一位充滿奇異幻想的巨匠啊！」

給小朋友的貼心話

凡爾納雖然無法成為一個冒險家，想像力所帶給他的滿足卻決不輸給實際體驗。

你也有很豐富的想像力嗎？或許，以你現在的年紀及能力要去做所想像的事情有點困難；不過，世界是千變萬化的，也並非不可能實現呵！凡爾納靠著想像力成為科幻小說作家，還有很多人更因此成為發明家呢！

小朋友，試著效法凡爾納的精神，帶著你的想像力去旅行吧！或許會有意想不到的收穫！

最真實的童書——賀克多‧馬洛

十八世紀後期，工業革命在歐洲各國遍地開花，機器作業取代了手工勞動；這讓經營者們省下不少聘僱人員的費用，卻也帶來龐大的失業潮！

需要工作的人比工作機會還要多好幾倍，人們因此沒有討價還價的餘地；勞工們開始不在乎工作福利、也不管工作環境是否惡劣，只要能得到工作機會，賺些錢讓家人溫飽，就很開心了。

許多沒有良心的大老闆知道這一點，不僅給勞工的待遇很低，也沒有安全工作的保障，很多人在工作中受傷，變成了殘障，生活就更清苦了。於是，這些人的兒女不得不放棄學業，被迫去工作賺錢。

當時的政府沒有童工保護條款，因此童工的價錢被壓得更低，理由是：「你那麼小也做不了什麼事！」或是「一個大人能做五個小孩做的工作呢！」

孩子們為了賺錢而忍耐，在工廠裡備受欺凌與折磨的案例層出不窮。

「大家都讚賞工業時代所帶來的發達，但人民的現實狀況是如此悲慘，這是一個什麼樣的年代呀！」賀克多．馬洛（Hector Malot, 1830-1907）為這些貧窮人家所歷經的不合理待遇，感到傷心又難過。

馬洛是一位律師，也是一位心思細膩的作家。

他所出版的作品都獲得不錯的銷量，工業時代的轉變對他這個拿筆的人來說，並沒有很大的影響。

「我的生活如此安逸，我身邊這些揮汗勞動的人們，卻生活得如此不堪。」馬洛當時已經有了小孩，當他看到路上那些面黃肌瘦的童工，心裡就五味雜陳。

這個衝擊，也讓他提筆寫下了至今仍然備受歡迎的兩部兒童作品，分別是《苦兒流浪記》（*Nobody's Boy*）與《孤女尋親記》（*The Story of Perrine*，改編的日本動畫在臺灣名為〈小英的故事〉）。

這兩部作品的時代背景是工業革命時期，主角就是來自低階層的孩子。

「雷米出生在英國，出生六個月後，被惡毒的叔叔偷偷抱走，丟棄在巴黎的街道……」在寫這部《苦兒流浪記》時，馬洛讓主角雷米受盡折磨；雷米的生活，就是法國底層人家每天都會發生的真實故事，充滿苦難與不幸。

雖然筆下是雷米的生活，但在寫作的時候，馬洛心底惦記的是他可愛的女兒露西。

「這本書是寫給兒童看的，露西將會是我第一個讀者；透過這本書，我可以告訴她什麼呢？」

馬洛認為，兒童故事不能只是消遣而已。

「這個段落應該要加一個註釋，解釋這條法律是什麼。」

「我想，這裡必須要解釋一下這個地區的地形。」

馬洛在書裡增加許多註釋，帶領讀者認識當時法國的天文、地理、社會、科技以及法律等。

「這不過是個故事罷了，不寫這些也沒關係。」有人看過後這麼對他說。

馬洛笑了笑，堅持這樣做才是最好的；「我在寫作的時候，一直想著

我的女兒露西，我希望這本書能帶給她一筆『精神的財富』。」

馬洛想帶給女兒的不僅是知識而已；「我更加希望，露西能因為閱讀這本書而獲得快樂。」

於是，在這兩本書中，悲慘的小主角在歷經苦難、折磨與背叛後，因為不畏困難、勇於生活、以及積極又樂觀的開朗個性，最終苦盡甘來，獲得幸福的人生。

比如，《苦兒流浪記》的雷米，最後不僅找到他的親生母親，還以他獲得的財富去幫助流浪兒童呢！看到主角最終能獲得圓滿的結局，誰能不會心一笑呢？

給小朋友的貼心話

透過歷史課本，我們看到的往往是戰爭與革命所帶來的和平，卻漠視在那個過程中，失去親人的家庭有多麼難熬；我們也看到科技發明所帶給人的雀躍，歷史課本上卻沒有說明，原本仰賴手工的人何去何從？還可再想想，若是沒有工業革命，我們現今的生活又會是怎樣呢？

馬洛的作品，不僅是讓我們閱讀故事而已，也能進一步瞭解當時百姓真實生活的另一面。

給小愛麗絲的即興故事——路易士・卡洛爾

在十九世紀時，英國的牛津大學有一位教授數學的老師，大家都稱呼他道奇森教授。

道奇森教授的全名是查理斯・道奇森；他私下還為自己取了一個筆名，叫做路易士・卡洛爾（Lewis Carroll, 1832-1898）。

這位教授身高超過一百八十公分，有著一頭溫暖的棕色捲髮；他並不壯碩也不肥胖，身材很纖細。因為膝蓋受過傷的緣故，他走起路來總是一跛一跛的；而且，他還有口吃的問題。

雖然他說話不流利，卻沒有因此而害怕跟人說話，從他上課的精采度就可以得知。

道奇森的課程很精采，他會唱歌、講故事，個性非常幽默，因此深受學生們喜愛，也為自己交到許多朋友。

當時，牛津有一個非常富裕的家族，名為麗黛爾家族，也是道奇森的好朋友，其中的第二個小女兒愛麗絲最喜歡他。

「教授，為我講故事好嗎？」愛麗絲最喜歡坐在道奇森旁邊，聽他說故事。

「當然好。前幾次我講了格林童話以及安徒生童話，今天我來講一個伊索寓言……」

偶爾，道奇森也會講些嚴肅的，比如「數學與圖形」的課程；雖然愛麗絲才七歲，但她很喜歡數學，也學得很好，道奇森常常暱稱她是個「天才數學少女」。

有一天，愛麗絲與姊姊和妹妹三個人，約道奇森一起到湖邊玩。涼風徐徐，湖水青藍，陽光普照，溫暖而不炎熱，大家一起划船，心情好極了。

愛麗絲撒嬌的央求：「教授，可以跟我們說點特別的故事嗎？」

「妳這個小鬼靈精。」道奇森寵溺的揉了揉愛麗絲的頭髮說，「妳想聽什麼類型的故事？」

「嗯……」愛麗絲想了想說，「越荒誕的故事越好！」

「荒誕啊，當然沒問題！」這一次，道奇森不說其他作家寫的故事，他要「即興演出」！

「有一個小女孩，名叫愛麗絲。」愛麗絲開心驚呼：「跟我一樣的名字！」

「沒錯。」道奇森繼續講，「愛麗絲跟姊姊一起坐在湖畔時，突然，她看見一隻美麗的白色兔子；這隻兔子很不同，不僅穿著整齊的服裝，手裡還拿著懷錶，甚至還會講話！」

道奇森這個故事實在太有趣了！裡頭的每一個動物都會講話，甚至還出現已經絕種兩百年的傳奇動物——渡渡鳥；「渡渡鳥有口吃，連自己的名字都念不好呢！」道奇森邊說邊苦著一張臉，並指著自己。

姊妹們哈哈大笑，一直催他：「然後呢！然後呢！」

美好的時光就在愛麗絲的故事中流逝。回家途中，愛麗絲興奮的鼓勵道奇森：「教授，我覺得您應該把今天講的故事寫下來，這是我聽過最棒的故事了！」

那晚，道奇森熬了一整夜把這個即興故事寫下來，並親手繪製插圖，一起送給愛麗絲當禮物。

這個故事後來被出版社邀約，順利出版，連當時的女王維多利亞都很喜歡。

如今，這個故事已經被翻譯成一百二十五種語言，在各個國家流傳，並被翻拍成電影、戲劇、舞臺劇等，名為《愛麗絲夢遊仙境》（*Alice's Adventures in Wonderland*）。

給小朋友的貼心話

道奇森雖然身有殘疾，可是他並不因此而自卑，反而更落落大方的與別人相處；人們對他的印象往往都是幽默風趣、善於說故事、數學天才，而不是跛腳、口吃。

中年以後，他甚至以靈活的腦袋創作出非常有名的奇幻故事。道奇森靠自己後天的努力與才華，戰勝了自己的缺點，相信我們也都可以！

美國文壇的林肯——馬克．吐溫

十九世紀，美國有一位極具分量的文學家，他不僅是開創美國本土文學的先驅，還被世人稱為「美國文壇的林肯」——與廢除奴隸制度的美國總統林肯齊名——他就是馬克．吐溫（Mark Twain, 1835-1910）。

他會被譽為文壇上的林肯，源自於其所寫的一本小說——《頑童歷險記》（*Adventures of Huckleberry Finn*）。

小朋友們更熟悉的作品應該是《湯姆歷險記》；其實，湯姆原本只是《頑童歷險記》中的配角呢！

《頑童歷險記》描述為了躲避父親暴行的白人小孩哈克、以及要到北方尋求自由的黑人奴隸吉姆，兩人在逃亡中所展開的一連串冒險故事。

這本小說探究了種族與身分的問題；書中揭露私刑的暴力、譴責蓄奴制、歌頌黑人的優秀以及宣導不分種族、人人都享有平等與自由的觀念。

這本書問世後，許多人對於馬克·吐溫竟然能夠那麼細膩的描述當代黑人受辱的情景，讚歎連連。

「因為那曾是我生活的一部分。」馬克·吐溫說。

他四歲的時候，舉家遷往密蘇里州，這是一個頗為著名的奴隸州，許多人家都會聘僱幾名黑人奴隸幫忙做工、務農，他們家也是如此。誰會想到，他這個出身奴隸主人之家的小孩，長大之後會寫出一本被許多世人認為是反種族主義的小說呢？

或許，這分悲憫之心，是來自於他的母親吧！

他們家有一名黑人男孩，名叫桑迪。桑迪做事總是拖拖拉拉，都要花比別人多兩倍的時間才能完成。

某天早上，桑迪坐在樹下，望著遠方發呆；路過的小吐溫看見了，馬上跑去跟母親告狀。

母親聽了之後不但不生氣，反而噙著淚水，難過的告訴他：「桑迪橫越了近半個美國大陸，被迫與家人分開，我們要體諒他。」

然而，過一陣子之後，桑迪一改連日來的沉默，不僅整天唱歌、吹口哨，還不時大吼大叫、哈哈大笑個不停，吵得大家受不了，甚至還有人說桑迪一定是發瘋了。

小吐溫一連被吵了好幾天，終於受不了，火冒三丈的跑去找母親，希望母親可以制止他。

不過，母親聽他這麼一說，反而露出欣慰的笑容。

媽媽說：「聽到那個可憐的孩子那樣唱歌，我知道他是為了不願意想起悲傷的事情；唯有這樣，他才能平靜內心。那個孩子無法見到自己的母親與家人，如果唱歌可以令他忘卻悲傷，那我們千萬不要去打擾他。」

母親雖以寬恕、仁慈的態度對待黑奴，小吐溫卻在村子裡的其他人身上看到不合理的暴力對待；這些矛盾的情景，對他小小的心靈造成相當大的衝擊。

因此，當他長大後以寫作賺取生活所需，更因此成為知名作家後，他開始把孩童時期所目睹的一切，透過故事記錄下來。

《頑童歷險記》便是以密蘇里州為背景，以孩提時期的記憶為藍本，展開了兩個小男孩的一連串歷險；文筆深刻動人，彷若歷歷在目。

這本書一上市，馬上獲得相當大的迴響，直到現在都是美國文學史上最受讀者喜愛的作品之一呢！

給小朋友的貼心話

馬克·吐溫在《頑童歷險記》中，用了兩百一十九次「黑鬼」（nigger）這個字眼，讓許多人看了覺得很不舒服。「黑鬼」一詞，是白人於奴隸時代用來稱呼地位低下的非洲裔美國人的貶稱，是種族汙辱意味強烈的稱謂。

不過，瞭解馬克·吐溫的人都知道，他只是如實將當時的氛圍與用語記錄下來，並無不敬之意。

小朋友，我們也要學習避免這類令人不舒服的字眼；比如，不能稱呼原住民朋友是「番仔」，這和「黑鬼」一樣是貶低他人的意思呵！

她就是書中的主人翁——法蘭西絲・柏納

有一個女孩名叫莎拉，她原本是非常富有的千金小姐；後來父親生意失敗，她被寄宿學校的校長視為眼中釘，從此過著像女傭一般的生活。可是，她始終真誠待人，善良又有豐富想像力的她處處受人歡迎，就像一位真正的小公主……

前面說的是《小公主》（*A Little Princess*）的大綱。你知道嗎？其實，現實生活中，有人的際遇跟小公主莎拉很相像，她就是創作出《小公主》的作者，法蘭西絲・柏納特（Frances Burnett, 1849-1924）。

法蘭西絲的父親是一名鐵匠，開設一家規模不小的工廠，生意興

隆；因此，她小時候的生活很富裕，儼然就是一位小公主。

好景不常；四歲那年，她的父親突然去世，媽媽接手父親留下來的工廠，卻因為不善於經營，工廠不久後就倒閉了。

法蘭西絲的生活，突然從一位小公主淪為成天捱餓受苦的悲慘女孩，就像莎拉一般。

她常餓得暈頭轉向；嚴寒的冬天，沒有足夠的禦寒衣物，屋子裡也沒有暖爐；唯一的取暖方式，就是一家人緊緊靠在一起。

雖然日子過得很苦，但法蘭西絲沒有因而變得鬱鬱寡歡。

「我來當廚師，你是來吃飯的客人，而你是服務生……」她很活潑，最喜歡在學校玩角色扮演遊戲，想像力豐富的她可以編出許多故事來，同學們也因此忘記她的貧窮，還是很喜歡她。

可是，大家都會欺負班上另一個女孩——艾瑪，她是養豬人家的女兒。

「髒兮兮、臭烘烘，妳是養豬女！」

「你們不要欺負她！」法蘭西絲總會挺身而出，而且也會跟艾瑪玩耍，一點兒也不在乎她的出身。

法蘭西絲既受歡迎又善良，就像莎拉那樣。

「我們去美國吧！」她十五歲那年，母親決定從英國移民到美國，「你們的舅舅在美國，可以照顧我們。」

他們住進舅舅的圓木屋裡，生活並沒有比在英國好；於是，她和弟弟時常得出外去工作，才能夠讓一家人得到溫飽。

某一天，法蘭西絲結束工作，一身疲憊；可是，一坐在桌子前，她又直覺的拿起筆，將滿腦子的想像力化為文字。這是她七歲以來養成的習慣。

突然，一個念頭閃過腦海：「如果投稿到雜誌社，或許能拿到不少稿費吧？」

坐而言不如起而行。不久後，她就把整理完成的文稿寄給當時一家很熱門的雜誌社。

雜誌社的主管看到文稿後相當驚豔：「沒想到這是一位十七歲的少女寫的，真是太好看了！」

法蘭西絲的文章順利刊登在雜誌上，其他雜誌也陸續來邀稿。雖然開始有了收入，可是寫作需要買紙，投稿還得貼郵票，這些錢對她而言也是一筆不少的開銷。

「該怎麼辦呢？」法蘭西絲正在苦惱時，突然看見野地裡冒出一株株野葡萄，「有了！我可以摘些野葡萄去市場賣呀！」

她奮力的摘了許多葡萄，再扛到市場販售，賺了一些錢，可以拿去買稿紙和郵票了！

法蘭西絲這樣的苦日子沒有持續太久。因為她寫的故事太精采，

很快就受到歡迎，之後出版的《小公主》、《祕密花園》以及《小王子》等書，更讓她聲名大噪！

她的作品有著無窮的想像力，洋溢滿滿的夢想與溫暖，這是她在貧窮中所體悟到的、最棒的兩個禮物。

給小朋友的貼心話

法蘭西絲的作品，常反映著自己的經歷與心路歷程，這也讓她的著作非常多；她一生中著有五十部小說、七本劇作，她有時會笑自己是「搖筆桿的機器」。有人說戲如人生、人生如戲，法蘭西絲算是淋漓盡致的詮釋了這句話吧！你呢？或許，你的生活也可以寫成一本故事呵！

病中的冒險——羅伯特·史蒂文森

一個肺部虛弱的女人，努力產下與丈夫愛的結晶，他們將孩子取名為羅伯特·史蒂文森（Robert Stevenson, 1850-1894）。

誰不希望自己的小孩健康呢？只是，他們的孩子卻跟她一樣，都有肺部疾病的問題；史蒂文森自一出生就體弱多病，一生都受支氣管疾病所苦。

支氣管疾病在冬天時會變得很嚴重，所以父母都禁止史蒂文森出外遊玩，這讓他鬱鬱寡歡。

照顧他的護士看他總是一臉熱切的盯著窗外，心裡很捨不得。

「史蒂文森，護士阿姨講故事給你聽好嗎？」溫柔的護士坐在他的床邊，讀《聖經》的故事給他聽。史蒂文森就是在此時接觸到「故事」的，也讓他腦海裡開始充滿無限想像。

雖然身體不好，但史蒂文森很爭氣，非常會念書，長大後還考取律師；不過，他的身體常感虛弱，導致他一直無法開業營生。

「幸好，我還有一個謀生的技能，那就是寫作！」史蒂文森很開心能自己養活自己，「至少寫作是可以在家裡完成的。」

然而，史蒂文森仍然四處旅行，因為他必須找到一個對身體有益的地方，天氣不能太酷寒也不能太炎熱，空氣中的濕度不能太乾也不能太潮濕。

他從一個國家遷往另一個國家，從一個小島航向另一個小島，花費了將近四年的時間進行長期又頻繁的旅行；他旅居過不少地方，舉凡法國、英國、美國或太平洋的小島，都曾留下足跡。可惜，沒有一個地方是完全符合的；於是，他夏天待在英國，冬天則在法國。

他費時多年仍無法找到合適居住之所，身體也一直很虛弱，手帕上常沾著血，椅子的扶手上也總是擺著藥瓶，史蒂文森內心卻仍充滿喜樂；「雖然我沒有健康，可是我的生活還有許多甜蜜的事物。」樂觀的他認為，四處遷徙也是一種遊歷四方的享受；而養病的時候，就是專心寫作的好時機。

一八八一年的冬天，天氣相當嚴寒，窗外大雪紛飛，史蒂文森與太太、兒子幾乎足不出戶。他們圍在火爐旁，希望能讓自己溫暖一點；可是，他們什麼事也不能做，實在很無聊。

「爸爸，我們做些有趣的事情來打發時間吧！」十二歲的兒子央求著。

史蒂文森拿來一張紙跟幾枝畫筆，繪出一座島，這座島上有山脈、河流以及海港。

「他們有名字嗎？」兒子又問。

「有，這座島就叫……金銀島！」想像力排山倒海的朝他襲來，彷若真有這麼一座島似的，他開始為島上每個地方命名，並指著島上的森林說：「這裡有幾個人，正在四處尋找黃金；最後他們會坐上船去，到世界各地找寶藏！」

兒子聽得津津有味，史蒂文森自己也覺得有趣極了；於是，他開始構思一個有海盜及寶藏的海上冒險故事！

雖然他體弱多病，但是「旅遊世界」的經驗可是非常豐富呢！他將這些經驗融入故事中，很快的，這篇名為《金銀島》（*Treasure Island*）的故事就完成了！

故事一發表，馬上被譽為「兒童冒險故事的最佳作品」！

給小朋友的貼心話

史蒂文森為了調養身體而進行的「旅行」，最後都被他化為文字，成為一篇篇既精采又迷人的小說、遊記，也讓他成為著名的小說家，《金銀島》就是他最著名的作品。

四十幾歲就病歿的他，生命雖然短暫，並長年與病魔共處，對人生卻非常樂觀，留給後世豐富的作品。

即使是一顆絆倒我們的小石頭，我們都要感謝它，讓我們學會「走路要小心」的道理。小朋友，讓我們一同學習史蒂文森的樂觀，或許人生會有意想不到的精采呵！

英雄創作者——霍華德・派爾

霍華德・派爾（Howard Pyle, 1853-1911）是美國一位相當出名的作家，他筆下的人物都是英雄與騎士，最出名的就屬《圓桌武士》與《羅賓漢》了，幾乎沒有人不認識這兩位英雄！

不過，派爾原本是一位非常出色，名聲響亮的插畫家。他的父母認為，小孩子除了讀書之外也要培養才藝，便鼓勵他去學習繪畫。派爾沒有讓父母失望，他的繪畫能力不同凡響；長大後，很快就成為眾所矚目的插畫家，並在學校擔任老師。

他很喜歡學生，在教學過程中，看見他們從原本拙劣的繪圖技巧進步到能將藝術信手拈來，他就覺得好有成就感。

「或許，我應該自己創辦一間學校，用我自己的教育模式，讓他們進步得更快！」

派爾將腦中大膽的想法具體實踐，日後也成功的在自己創辦的學校中培育出不少知名的藝術大師。

從熱愛繪畫到鍾情教育，跟小孩子們長期相處，也讓他慢慢接觸到故事的領域。孩子們愛聽故事、也愛說故事，大部分的人沒有錢買故事書，聽的都是口耳相傳的民間傳說。

「在一座森林裡有個英雄，他劫富濟貧，是貧苦人家的正義夥伴！」派爾最愛的就是這個故事——羅賓漢（Robin Hood）。

身為一位教育家，或許是職業病吧，他開始研究這個角色，並蒐集有關羅賓漢的所有故事。

「羅賓漢」這個名字最早出現在十三世紀，都是在英國法官的案卷上出現的；離奇的是，一直到十五世紀，法官案卷上都還有這號人物！他們都有個共同的「職業」，就是罪犯。

根據歌謠敘述，在十三世紀時，當時的英國由貴族當政，一般百姓都很清苦；他們沒有自己的田地，也沒有自由，任由權貴指揮甚至虐待。他們只能仰賴一個人的挺身相助，就是住在森林裡那位武藝出眾的英雄；他不僅機智勇敢、仇視貪官，還劫富濟貧，是一個行俠仗義的英雄！

「對法官來說，『羅賓漢』指的是罪犯；但對於貧困的窮人而言，『羅賓漢』象徵一種對權貴的反抗，甚至是自由的象徵。」派爾越是深入研究，就越喜愛羅賓漢這號人物。

「有人說，沒有『羅賓漢』這號人物，他只是個傳說。好可惜，如果真的有這個人就好了……」派爾嘆息著。不過，在此同時，一些場景跟想法逐漸在他腦海中形成。

「何不讓羅賓漢變成一個有血有肉的真實人物呢？我可以在故事中讓他誕生！」

派爾積極的投入寫作；他讓羅賓漢居住在英國中部諾丁漢的舍伍德森林，身邊有一群志同道合的朋友，跟他一樣不願成為貴族的奴隸。

一八八三年，這部《俠盜羅賓漢》集結出版，受到非常熱烈的歡迎。日後，他所撰寫的《圓桌武士》，更確定他打造英雄的功力。之後他又陸續創作《銀手奧托》、《海盜傳說》以及《騎士麥爾斯》等書。

這些著作，讓他先前的兩個頭銜——插畫家、教育家——相形失色，人們只記得他是一位成功的作家、一位英雄創造者！

給小朋友的貼心話

在馬克·吐溫的《湯姆歷險記》中，湯姆曾經扮演羅賓漢這個角色；他在扮演的過程中得到一個結論：「我寧願在舍伍德森林當一年強盜，也不願在美國當一輩子總統。」

對後世而言，羅賓漢象徵的不只是森林英雄，更是自由、勇敢的象徵；而這兩個特徵，是派爾賦予羅賓漢的。如果不是派爾打造的形象，今日的人們或許只會記得羅賓漢是個強盜吧！小朋友，你想為自己打造怎樣的形象呢？

天才作家——奧斯卡・王爾德

奧斯卡・王爾德（Oscar Wilde, 1854-1900）的朋友曾經問他：「你的抱負跟理想是什麼呢？你那麼聰明，或許可以到牛津大學當一位教授。」

王爾德想也不想的回答他：「上帝知道，我無論如何都不會去當教授。」

「那你想做什麼？」

「我會是一位詩人，一個作家，或是劇作家。我會突然一舉成名，成名的原因有兩種：一種是作品令人驚豔的聞名天下，要不然就是臭名遠播。」

這番對話，是王爾德二十四歲時所講的；沒想到，日後就如同他所說的，他成為一位作家，還是一位聲名遠播的天才作家！

王爾德很重視自己的外表與打扮，不能忍受邋遢的模樣，喜歡穿著漂亮的服裝。他對作品的要求也是如此，文辭精琢又優美，因此被後世稱為「十九世紀最具代表性的唯美主義大師」。

王爾德的兒童故事尤其令人驚豔。

兒童故事往往避免以悲劇作為結局，希望孩子們能在閱讀之後，滿心歡喜的笑著闔上書本；但是，王爾德最著名的故事《快樂王子》（*The Happy Prince*），卻讓許多孩子流下悲傷的眼淚。

快樂王子生前非常快樂，無憂無慮的在城堡中生活，看不見城外人民的貧窮與痛苦。王子去世後被塑成雕像，高高的立在城外的山丘上，讓他看見人民的痛苦。

於是，快樂王子將身上的寶石、金箔等值錢的東西，託付燕子分送給需要的窮人。沒有了這些璀璨的裝飾，王子的雕像也失去光彩，最後被市長以「醜陋」為名，送入火爐；善良的燕子也因為來不及南飛避冬而凍死。

王爾德的童話故事大都如同《快樂王子》這個故事一樣，不是快樂的結局，而是以死亡告終。他在講自己所寫的童話故事給兒子聽時，也曾因為內容的悲傷而流淚。

「您為什麼要哭呢？是不是因為故事太悲傷？」兒子問。

「不是的，孩子。」王爾德擦乾淚水解釋，「因為故事太美了，美到令我流淚。」

兒子不解，「悲傷的結局怎麼會是美的？」

王爾德笑了笑，說：「雖然結局是悲傷的，但過程中這些人物都有著強烈的獻身精神，有著令人敬佩的道

德力量，這不是很美嗎？」

「美，是個人的執著，在別人眼中或許不值一提；就如同貪婪的市長一點也不明白快樂王子奉獻的美，只看他外表的斑駁就厭惡他。」王爾德希望透過《快樂王子》的故事告訴大家，「擁有一顆愛人、助人的心，就是最美的人。」

因此，王爾德在故事最後這麼安排：「在快樂王子變得斑駁、被市長送入火爐融掉時，他的身軀沒了；但是，他那顆鉛做的心卻沒有被融化。因為美，讓這顆心得以保存下來。」

王爾德用他的故事，帶領人們重新衡量世界上真實的貧窮與富有；因此，即使他的作品不像一般童話故事般有快樂的結局，仍讓許多家長與孩子愛不釋卷。

如此另類的作家，在當時被譽為「天才型作家」；甚至在一百年後，英國民眾也透過投票，讓他擊敗眾多對手，以最高票數登上「最有智慧的英國人」寶座。

給小朋友的貼心話

快樂王子雖然擁有財富，但在經歷幫助窮人的過程中，他才發現，真正的快樂原來並非來自錢財，而是分享。

小朋友，你也可以嘗試看看，將你擁有的糖果餅乾大方的分給朋友一起吃，拿出你的玩具和朋友們一起玩；「分享」所帶來的感受，是令人意想不到的快樂呵！

帶給孩子快樂的故事——法蘭克．鮑姆

在西方國家，很多人都會在墓碑上刻下墓誌銘，那是以往生者生平事蹟所寫的一份簡介，尤其是對偉大或是值得紀念的人。

在美國，有一塊墓碑上只有一行字——法蘭克．鮑姆（Frank Baum, 1856-1919）。

就只有名字、出生和死亡年份而已？不過，這位亡者對當代的兒童或是成人來說，可是一位非比尋常的人呵！

他就是《綠野仙蹤》（*The Wonderful Wizard of Oz*）的作者！

法蘭克．鮑姆在晚年時，住在一間名為「奧茲小屋」的家，還創造出沒有勇氣的獅子、沒有心的錫人、想要腦袋的稻草人以及想回家的女孩。

鮑姆從小就非常著迷童話故事，常活在自己的幻想之中，並因此感到快樂；他的父母對此非常擔心。

「你這樣過日子是不行的，一定會影響性格發展。我們送你到軍校去，你應該成為一名真正的男子漢！」於是，他們就把鮑姆送到軍校念書。

軍校的教育模式不僅沒有讓鮑姆成為父母期待的男子漢，反而差點兒讓他精神崩潰；父母很捨不得，最後還是把他接回家。「孩子，我們只要你開心就好。以後就任由你發展自己的興趣吧！」

鮑姆的興趣很廣泛，成年之後做過很多行業，像記者、演員，也曾經營過小農場和雜貨店；可是，不管做什麼都失敗。因為，他不以賺錢為樂趣，只愛沉浸在自己的幻想世界中。

比如他經營雜貨店時，每天都把大部分的時間花在為孩子們講故事上；因此，上門的幾乎都是小孩，而他們都是來聽故事，而不是來消費的。

於是，雜貨店就這麼倒閉了。大

人們都覺得鮑姆很失敗，不過他卻獲得孩子們一致的崇拜！

他走在路上，常常會被孩子們攔住；「鮑姆叔叔，你要為我們講一個故事才可以通過這裡！」

鮑姆很隨和，也很樂於把腦中所幻想的故事講出來，隨時隨地都能編出既歡樂又奇幻的故事來滿足孩子。

「鮑姆叔叔，你是一個說故事天才！是我們的偶像！」孩子們都這麼

讚美他。

這下子，鮑姆終於知道自己要做什麼事情才不會失敗了；「我可以成為一名兒童故事的作家呀！」

當他開始真正動筆寫故事時，他回想起小時候所聽到的故事；「很多故事都很枯燥沉悶，講的都是令人討厭的道德與訓誡，孩子們想要的應該是單純的娛樂才對！」

於是，他構思出一些令人愉快的故事，陸續出版《鵝媽媽的故事》以及《鵝爸爸的書》，果然獲得廣大的迴響。

他不僅寫故事，也為自己的四個兒子講故事。有一天，他在為孩子們講故事時，突然有一個截然不同的靈感，於是他趕緊哄孩子們上床睡覺：「孩子們，今天到此為止，你們快睡吧！」接著，他隨意找了一張紙，開始將剛湧出的靈感寫下來！

這個故事與眾不同，是一個發生在奇幻的奧茲王國的故事，也就是後來的《綠野仙蹤》。

這本書出版之後大受歡迎；這一次，鮑姆無論是在大人或在小孩眼中，都是一位成功的人，這本書還被評為是「令兒童愛不釋手的讀物」呢！

鮑姆一生中出版六十二本書，大部分都是為孩子所寫的；他也成功的做到了自己所說的：「我們應該讓孩子在童話故事中尋找快樂，並且輕鬆忘掉那些讓人不愉快的經驗！」

給小朋友的貼心話

你也喜歡看童話故事嗎？是否也曾幻想自己就是故事中的主人翁呢？鮑姆從小就喜歡沉浸在童話世界中，唯有在那個世界裡，他才能感受到純淨的快樂，日後他也將這分快樂與其他小孩分享。

當你感到沉悶的時候，不如學學鮑姆，拿起一本有趣的故事書，讓自己投身在故事的世界裡吧！相信你很快就能找回快樂的心情，充滿正面能量的迎向每一天！

第一位女性諾貝爾獎得主——塞爾瑪·拉格洛夫

小朋友，你看過瑞典五十克朗跟二十克朗的紙幣嗎？五十克朗的紙幣上是一名女性的肖像，她是瑞典第一位諾貝爾文學獎得主，同時也是全世界第一位獲得這個獎項的女性，她就是塞爾瑪·拉格洛夫（Selma Lagerlof, 1858-1940）。

至於二十克朗上，則是一名男孩騎著一隻鵝的圖案；這就是讓塞爾瑪得到諾貝爾文學獎的最大功臣，也是她最受歡迎的一部兒童文學作品《騎鵝歷險記》（*The Wonderful Adventures of Nils*）。

塞爾瑪原本是一位老師，負責教授地理與歷史；可是她發現，孩子們對於地理跟歷史並不感興趣。

「瑞典的風光何其美麗，歷史也教導我們許多事情，為什麼你們都不喜歡歷史跟地理呢？」塞爾瑪問她的學生。

「因為很無趣。」孩子們說。

塞爾瑪覺得很惋惜也很挫折。

她偶爾會利用閒暇之餘寫作；出版幾部小說之後，她就辭去教師的職業，專心寫作。她心中一直有個心願：「我想寫一本適合孩子們閱讀的作品，讓他們透過有趣的故事，瞭解祖國的歷史跟地理。」

有一天，她的好友——瑞典師範學院院長，同時也是國家教師聯盟的成員——前來拜訪。

「塞爾瑪，妳可不可以為孩子們編寫一部書？」

「什麼樣的書？」

「以故事的形式介紹地理學、生物學和民俗學等知識的書，一本既是童書也是教科書的書。」

這不就是她最想做的事嗎？塞爾瑪毫不猶豫的馬上答應！

「我要融入最真實的記錄，帶孩子認識自己的國家。」於是，她為了創作這部作品，很認真的蒐集瑞典動植物的資料，還跋山涉水到全國各地實地考察，觀察山川地貌、研究動物的生活、調查風土民情以及蒐集民間傳說。

整整五年的時間，她的足跡幾乎踏遍瑞典的每一寸土地。

對一般人來說，這是一項不容易的任務，對她而言更是艱巨的考驗，因為她的雙腿自小就不良於行。

塞爾瑪三歲時得了一種髖骨關節變形的疾病，之後幾乎都要坐在輪椅上，不能和其他的小孩一樣奔跑玩耍。

因此，她的奶奶和姑媽常常會講故事給她聽，有民間傳說，也有傳奇故事；她們說故事的時候，總是比手

畫腳，甚至以誇張的神情引人入勝。

或許就是因為小時候受到這樣的薰陶，塞爾瑪長大後也很會說故事，還被稱為「善於為兒童講故事的好母親」。

長年的考察結束後，她專心投入寫作，很快就完成上下兩冊的一部大作——《騎鵝歷險記》，那是一個小男孩尼爾斯騎上一隻鵝，與大雁一起周遊各地的故事；再從中穿插傳說、民間故事，並講述瑞典的風光與歷史演變。

這是一本文藝性、知識性、科學性很強的書，一開始被當成史地類叢書出版；但由於塞爾瑪將故事講得太精采，獲得眾多小讀者的共鳴，《騎鵝歷險記》很快就成為暢銷的「兒童」小說，風靡全國！

塞爾瑪在當老師時沒能達成的心願，在成為作家後圓滿了；她讓孩子們愛上了地理與歷史，並透過這本書更瞭解自己的國家。

給小朋友的貼心話

誰說童書只能是打發時間的著作？誰說童書只能是幻想故事？塞爾瑪打破這個傳統，將「故事」與「現實生活」巧妙融合；不僅深獲大人與孩子們的喜愛，一九〇〇年，她還以這本書獲得諾貝爾文學獎，獲獎理由是：「她的作品中有著高貴的理想主義、豐富的想像力，並有著平易而優美的風格。」這也是唯一一部榮獲諾貝爾文學獎的童話故事！

小朋友，你喜歡歷史與地理嗎？或許也可以試著將史地知識編成有趣的故事呵！

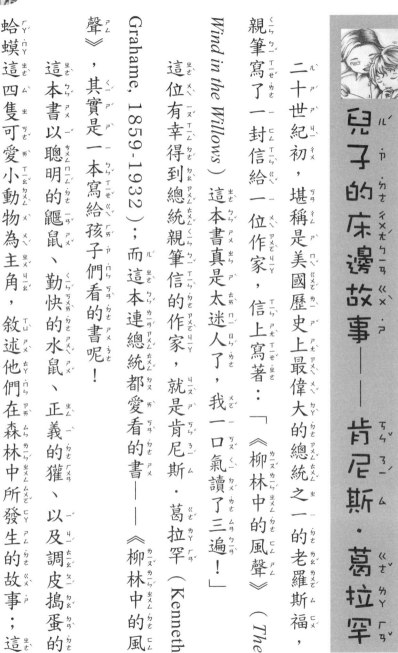

兒子的床邊故事——肯尼斯．葛拉罕

二十世紀初，堪稱是美國歷史上最偉大的總統之一的老羅斯福，親筆寫了一封信給一位作家，信上寫著：「《柳林中的風聲》（*The Wind in the Willows*）這本書真是太迷人了，我一口氣讀了三遍！」

這位有幸得到總統親筆信的作家，就是肯尼斯．葛拉罕（Kenneth Grahame, 1859-1932）；而這本連總統都愛看的書——《柳林中的風聲》，其實是一本寫給孩子們看的書呢！

這本書以聰明的鼴鼠、勤快的水鼠、正義的獾、以及調皮搗蛋的蛤蟆這四隻可愛小動物為主角，敘述他們在森林中所發生的故事；這本書出版後，也成為英國的經典文學著作之一。

葛拉罕原本並不是一位兒童文學作家，他的作品大都是散文與短文。他在結婚前一年剛出版一本書；結婚之後一年，隨著孩子的出生，他的生活變得非常忙碌，一度停止寫作。

因為他的孩子一隻眼睛失明，另一隻眼睛的視力也很差；葛拉罕與太太不想因這樣的缺陷而放棄這個小孩，甚至更加悉心呵護，深愛這個小生命。

孩子一天天的長大，個性越來越倔強、任性，時常哭鬧不休，晚上也不好好睡覺。

孩子四歲生日那天晚上，又開始大哭大鬧。葛拉罕累壞了，於是抱著孩子對他說：「不要哭了，爸爸講個精采的故事給你聽好不好？」

「在一座森林裡面住著許多動物，其中有一隻很聰明的鼴鼠……」熱愛大自然的他，以森林為故事的主要背景，對於季節的轉變、動物的特性以及大自然的變化，描述得相當生動。

這麼維妙維肖的故事，孩子馬上就聽得入迷；之後，他每到晚上都央求父親繼續講森林裡的故事。

柳林中的故事伴著兒子一路成長，葛拉罕也越講越有興致，故事情節越來越豐富，還誕生了一個討喜的角色——蛤蟆。

「蛤蟆很愛吹牛，做事沒有耐心，還常常闖禍，讓大家好傷腦筋。」葛拉罕邊說邊笑，看著他的兒子說，「好像我的小寶貝呵！」

「才沒有呢！」

說故事時，父子倆常常這樣笑鬧著，既歡樂又溫馨。

兩年多後的一個夏天，體弱多病的兒子身體健康開始走下坡，葛拉罕非常擔心。

「孩子，倫敦夏天的天氣很不好，會影響你的健康，讓媽媽帶你去

海邊的小鎮避暑好嗎？」葛拉罕很捨不得；但是，他必須要工作，無法一同前往。

「我不要啦！」兒子一邊哭泣一邊說，「你不去，我就沒有辦法再聽到森林中的故事了！」

葛拉罕想了想，想到一個好辦法！

「有了！我把故事寫在信裡，然後再寄給你們，媽媽就可以念給你聽了。」

兒子這才勉強同意，前往海邊療養身體。

葛拉罕萬萬沒想到，寫給兒子那一封封的信，日後會成為聲名大噪的《柳林中的風聲》，還得到總統青睞；而以他兒子為雛形的故事主人翁蛤蟆，更成為讀者們最喜愛的角色呢！

給小朋友的貼心話

四十歲結婚、四十一歲才擁有孩子的葛拉罕，曾有十年的時間為了照顧小孩而暫停寫作；但是，也因為這個小天使而創作出《柳林中的風聲》，讓他的寫作生涯重新登上高峰。

讀者一致對葛拉罕能將森林描寫得既細膩又真實大表讚歎；不過，這其實源於他不幸的童年——父母在他年幼時雙亡，他被外公、外婆帶到鄉間生活，才接觸並瞭解田園的風光。

葛拉罕的一生或許有許多失望，卻從這些失望裡萌生了希望，只因他能抱持正面的態度去擁抱它！

「彼得・潘」的父親——詹姆斯・巴利

母親又在哭泣了。

在十個小孩中排行第九的詹姆斯・巴利（James Barrie, 1860-1937）看了很捨不得，他知道媽媽是為了什麼而哭泣。

他快步跑過走廊，衝入大哥的臥房，翻出屬於大哥的衣服與褲子，套在自己身上。

衣服很寬鬆——那是當然的，因為大哥已經十三歲了。

他小心翼翼的不讓鬆垮寬大的衣服絆倒自己，緩緩的走向母親。

母親一看到他，淚水更是掉個不停，不斷喊著：「我的大衛，我的大衛……」她的表情卻是略帶笑容，不再一臉哀傷的神情。

大衛是大哥的名字；前幾天，他出外溜冰，卻不幸意外往生，讓母親傷痛欲絕。

「只要我假扮成哥哥的模樣，母親就不會難過了！」巴利心想。

他的母親也在當下意識到：「是啊，我的大衛不過就是到遠方去旅行；跟一般小孩不同的是，他會永遠維持十三歲的模樣，不會再長大。」

巴利當時並沒有想到，這段歷程會讓他成為一位知名作家。

長大後，他搬到英國最熱鬧的城市倫敦，寫了不少散文、小說以及劇本；但這些作品的成績普通，沒有特別出色。

有一天，他牽著他的狗來到住家旁的肯辛頓公園散步，一陣小孩子的喧嘩聲吸引他的注意力；走近一看，三個小孩正在辦家家酒。

「這是非常可口的點心，吃了會讓你充滿力量呵！」小孩將泥土捏成團。

「這是我的小屋，既堅固又牢靠！」小孩以樹枝蓋小屋。

「我是一個威風凜凜的海盜，你們都要聽命於我！」小孩揮動著短手短腳，臉上有著一股神氣。

三個孩子的遊戲吸引了這個黑鬍子作家，站在一旁笑瞇瞇的看著，忘卻工作了一整天的疲憊。

孩子們很快就注意到他了，大方的問他：「要跟我們玩嗎？」

「好啊！」巴利很會做怪表情，還會講故事，很快就與戴維斯三兄弟熱絡的玩鬧在一起；其中，他最喜歡活潑又開朗的一歲小男孩彼得。

日後，他與男孩們的父母成為好朋友，常受邀到戴維斯家作客；孩子們都很喜歡他，尤其喜歡他說故事。

「巴利叔叔，您最近有創作新的故事嗎？」巴利才剛踏入戴維斯家，馬上被孩子們團團圍住。

「當然有啊！而且，這個故事你們一定很感興趣！」

這是這幾天來活躍在巴利腦中的劇本；而劇本的靈感來源，就來自小時候大哥的去世，以及這三個小孩。

「有一個十三歲的孩子，他名為彼得．潘。」

「跟弟弟一樣！」

「是的，名字跟我們的小彼得一樣；不過，他很特別，他是個永遠都不會長大的孩子。」巴利想像著那天在公園遇到三兄弟的情景，「他住在開滿花朵、如同花園的森林裡，以乾樹葉做衣服……」

這個故事很快就完成了；他後來將劇本交由劇院演出，獲得很大的成功。

演出那天，男孩們都來了，他們的名字都被寫入劇作中。當前臺掌聲不斷時，巴利走到男孩們面前，給了他們一人一個銅板：「你們都是這部戲劇的參與者，這是你們應得的報酬！」

幾年之後，巴利將劇本化為小說《彼得・潘》（*Peter Pan and Wendy*），一出版就受到前所未有的轟動，讓他成為一位人氣作家。當戴維斯兄弟的父母相繼往生，他也毫不考慮的將他們納到自己

的保護翼下；對他來說，能擁有今日的成就，都是這群小彼得・潘賜予的。

給小朋友的貼心話

《彼得・潘》出版十八年後，故事依舊受人們喜愛，版稅源源不絕的進入巴利的口袋。當時的巴利不僅是一位作家，同時也是兒童醫院的委員，因此常在醫院看見貧窮人家沒有錢看病的窘境。

巴利沒有子嗣，但他非常喜愛小孩，於是他告訴醫院：「我決定把《彼得・潘》的版權轉讓給你們，版稅將救助這些兒童。」

這個慷慨的捐贈，日後不僅救助許多兒童，也為醫院度過許多難關；這是巴利與他的《彼得・潘》留給世人的最大禮物。

動物們的好朋友——碧雅翠絲．波特

一八三七年至一九〇一年的英國，由維多利亞女王所統治，此時被稱為是「維多利亞時期」。著名的英國童書作家碧雅翠絲．波特（Beatrix Potter, 1866-1943）就出生、成長在這個時期。

波特出身貴族，從來沒有到學校接受過教育——在維多利亞時期，許多富貴人家的子女都是如此。他們的父母聘請家庭教師到家中授課，波特從小就跟隨多位家庭教師學習閱讀、音樂以及美術。不用上學聽起來雖然輕鬆，卻讓波特沒有朋友。

由於父母都很忙碌，她最親密的人，除了保母、家庭教師以及小她六歲的弟弟，就是家裡養的動物了！

她和弟弟一起養了青蛙、蜥蜴、水蠑螈、烏龜、蝙蝠、甲蟲，甚至還有老鼠跟蛇！

弟弟十一歲時被父母送到寄宿學校後，波特更孤單了；這些寵物朋友便在生活中更顯重要。

或許是繼承了父親的繪畫基因，波特自小就擅長畫畫；她時常在草地與森林漫步，尋覓一處蔭涼的地方，便開始作畫，畫中的主角就是她的這群小寵物。

波特的筆觸很細膩，將動物們畫得維妙維肖，但這樣還不能滿足她。「寵物是我的朋友，所以他們就像人一樣，會穿衣服、鞋子……」於是，她在畫作中讓動物們穿衣服，還讓他們像人一樣站起來，甚至還會坐在花園椅子上喝下午茶呢！

這些寵物中，她最愛的是兔子。

她養過兩隻兔子，一隻叫彼得，一隻是班傑明；她不管到哪裡都帶著牠們，旅行時也不拋下牠們，她會用寵物牽繩帶著牠們上火車。

二十七歲那年，波特跟父母以及弟弟一如往年的租下鄉間避暑小屋，在此度過炎熱的夏天。

波特非常熱愛田園風光，在小屋的日子是她每年最期盼、最快樂的時候。

某一天，一陣雨突然落下，波特小跑步進屋避雨。她為自己沏了一壺茶，並在書桌前坐了下來；桌上，彼得睜著一雙圓滾滾的眼睛瞅著她。

「彼得，我要寫一封信給家庭教師的兒子。他好可憐，才五歲而已，卻病得下不了床，我想寫些什麼來鼓勵他。」對波特來說，彼得是一個能跟她對話的朋友。

該寫些什麼呢？波特看著彼得，想起彼得的好動與活潑，她笑著說：「還記得嗎？你常躺在壁爐前的地毯上，像貓兒一樣；學起把戲來很機靈，我有一次還看見你想在一頂草帽上打手鼓呢！」

頓時，她知道該在信裡寫什麼了！

她埋頭寫信：「親愛的諾維爾，我不知道該寫些什麼，就讓我跟你講述一個關於四隻兔子的故事吧！從前有四隻兔子，他們的名字分別是跳跳、瞪瞪，短尾巴和彼得，他們和兔子媽媽生活在一棵高大的無花果樹下……」

波特寫的故事還附上插畫，整整寫了八頁信紙呢！

以彼得為主角的故事，從一封封寄給小男孩的信中從此展開。七年多後，波特在朋友的鼓勵下，向小男

孩借回這些信件，重新整理並增加故事，自費出版了一本圖文並茂的童書——《彼得兔的故事》（*The Tale of Peter Rabbit*）。

這本童書獲得非常大的成功，是歐美圖畫故事書的開山之作，被人們讚譽為「兒童文學中的聖經」。

而波特的另一隻兔子班傑明呢？她當然不會忘記嘍！

波特認為班傑明是「魯莽、大膽的小東西」，在她的第二本書《小兔班傑明的故事》，自然而然就以他為主角；在故事裡，班傑明還是彼得的堂哥呢！

給小朋友的貼心話

小動物們讓波特在童年的寂寞裡獲得許多安慰，她整天和動物們在一起，為牠們作畫，還在心中想像出各式各樣有趣的故事，彷彿這些動物都是活生生的人。

家裡的寵物往往也是家人的好朋友，不但會陪伴你，有時候還會做出很貼心的舉動，逗得你哈哈大笑。在你的想像中，牠們會有怎樣的故事呢？

不被看好的作品——露西．蒙哥馬利

如雪片般飛來的成千信件，陸續寄到了加拿大愛德華王子島的一戶人家，這是一位女作家的住所。

就著書桌，她打開一封封的信，津津有味的讀著；這些都是讀者看了她剛出版的一本書後的感想。

讀者們像是有心電感應般，問了一個相同的問題：「請問，安妮最後怎麼了呢？」他們問的，是女作家露西．蒙哥馬利（Lucy Montgomery, 1874-1942）前一陣子出版的《清秀佳人》（*Anne of Green Gables*）中的主角安妮，一個滿臉雀斑的紅髮小女孩。

蒙哥馬利一邊看著信，一邊思考：「既然讀者們那麼好奇，是不是該寫寫安妮成長後的故事呢？」

她又拆開了一封信；這一看，不得了！竟是美國大文豪馬克・吐溫的親筆信！

馬克・吐溫在信上這麼寫著：「《清秀佳人》中的安妮，是自《愛麗絲夢遊仙境》裡的愛麗絲後，最令人感動和喜愛的女孩了。」

大文豪的信她看了一遍又一遍，簡直不敢相信自己的眼睛；就如同她也不敢相信，《清秀佳人》這本被出版社拒絕五次的書竟然會那麼受歡迎！

創作出《清秀佳人》的原因，要從蒙哥馬利三十歲那年說起。當時她已經是一名學校的老師；但是，自小熱愛寫作的她，總會利用教學之餘書寫創作，不少作品獲得報紙與雜誌的青睞而刊登。

那年春天，她在偶然間翻到一本古老的書籍，裡頭都是一些隨筆記事。

翻著翻著，一個故事吸引她的注意：「一對年老的夫婦，想收養一名少年幫忙農事，卻陰錯陽差的收養了一名女孩……」

蒙哥馬利為這則故事著迷，也開啟了她的創作靈感。

她伏案構思，僅利用一年多的時間就把《清秀佳人》這本書寫出來。反覆看了幾回，蒙哥馬利對這個作品滿意極了，於是到出版社毛遂自薦。

「我們認為這本書不適合出版。」她的作品一次又一次的被拒絕，一連五次。

「可能，它真的不夠好吧……」

蒙哥馬利非常失望，將《清秀佳人》的手稿放到一個不起眼的角落去；對於出版這本書，她已經死了心。

兩年後，她持續教書、寫作，但她寫的文章都沒有讓她變得有名氣。「那個東西究竟被我收到哪兒去了呢？」在一個嚴寒的冬日，蒙哥馬利在家裡轉來轉去，尋找一件遺失的物品，可是怎麼也找不到。過程中，她意外的發現兩年前被她收到角落的《清秀佳人》手稿。

再度翻閱這部作品，看著安妮被一對原本想收養男孩幫忙務農的兄妹收養，從原本被討厭到虜獲所有人的心，過程的精采、歡樂與溫暖，再次將蒙哥馬利當年那分熱切的心挑起；「這部作品真的很有意思！或許，我應該再次向出版社挑戰看看！」

這一次，蒙哥馬利有了好運氣，找上的第一間出版社很快就同意出版。

上市不久，《清秀佳人》就受到好評，贏得熱烈迴響，出版六個月就再刷了六次，之後五年還締造了再刷三十二次的光榮紀錄！

《清秀佳人》之所以那麼受人喜愛，當然是因為故事主角安妮那愛幻想又喋喋不休的歡樂，也帶給讀者們一股清新又熱鬧的感受；甚至連馬克·吐溫在讀完這本書之後，也不禁讚歎：「這是一本最甜蜜的描述兒童生活的小說了！」

給小朋友的貼心話

在讀者與當代大文豪的鼓勵下，蒙哥馬利又陸續出版了六部安妮的故事，將安妮的青少年時期、少女時期甚至是婚後生活、育兒故事都寫了出來，滿足讀者們「安妮最後怎麼了呢？」的疑問；她也因為這一系列，而成為非常有名的作家。

《清秀佳人》一開始不受青睞，最後終能尋得伯樂。小朋友們也不要輕言放棄，成功可能就在一次又一次的失敗中突然蹦出來呵！

兒子的玩偶——艾倫·米恩

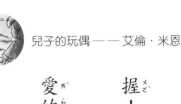

「我以後一定要當一名作家！」艾倫·米恩（Alan Milne, 1882-1956）從小就懷抱著寫作的志向，長大之後便走上寫作之路；不過，他時常深受缺乏靈感所苦。

「靈感總是眷顧別人，卻遺落了我；我必須努力追求，牢牢把握！」

一九一三年，他和妻子步入禮堂。沒多久，他們生下了一個很可愛的男孩，他為孩子命名為克里斯多福。

克里斯多福彷彿是帶著禮物誕生在這個家庭，這個珍貴的禮物就是「靈感」。

克里斯多福六歲的時候，每天晚上都會進行晚禱；看著孩子虔誠禱告時的可愛容顏，米恩突然得到了靈感，以「晚禱」為名寫出一系列獻給家人的詩作。這些隨手的塗寫，後來被妻子看到，就幫他投稿到雜誌社。

「這只是隨手寫下的，如果得到青睞，稿費全部都給妳！」米恩一笑置之，認為不可能被接受。

結果，雜誌社不僅刊登，讀者更是佳評如潮呢！

這次的成功讓米恩為之振奮；「或許，我有寫兒童故事的天分呵！」於是，他開始致力於兒童文學寫作。

一九二五年聖誕節前夕，一個雜誌社邀請他為聖誕節專刊寫篇兒童故事，米恩答應邀稿，卻苦無靈感。

夜晚，米恩照例走進克里斯多福的房裡，為他說睡前故事。

「在一個森林裡住著很多動物……」

「森林長什麼樣子？」克里斯多福好奇的問。

「嗯……」米恩想了想，突然靈光一閃，「就像我們家南邊的那座森林一樣！」

他繼續講下去：「森林裡有一隻熊，名字是維尼。」米恩隨手拿起兒子最愛的泰迪熊玩偶說。

這隻泰迪熊是他與太太在兒子一歲生日時，到百貨公司買的生日禮物，原本克里斯多福為他取名為「愛德華」；直到有一回，米恩帶他去動物園，特地跟他介紹一隻來自加拿大、名叫「溫尼伯」的熊。

「孩子，這隻熊來頭不小呢！」參與過第一次世界大戰的米恩，帶著敬意看著這頭美洲黑熊說，「在第一次世界大戰時，牠是我們的吉祥物呵！有牠在的地方，就有勝利！」

「哇！這麼厲害！」克里斯多

福興奮的說，「那我要將愛德華改名成維尼！」「維尼」就是「溫尼伯」的簡稱。

因此，在米恩編故事時，就順理成章的將這隻熊化為主角，床頭其他的動物玩偶就是配角。「維尼是一隻身穿紅色背心、愛吃蜂蜜的小熊，他最好的朋友是一隻粉紅色的小豬。」

看到兒子聽得津津有味，他決定要把兒子放入故事裡，讓他更開心：「森林裡的動物有時候會遇到一些困擾，此時就有一個人類英雄會來幫忙他們，他就叫做克里斯多福！」

房內的玩偶們與他們的小主人，就這麼成為故事中的一分子，在每晚的睡前故事裡進行各式各樣的冒險。

當米恩又結束一天的睡前故事並走出已熟睡的兒子房間時，太太突發奇想的鼓勵他：「這不就是最棒的故事嗎？」

「或許是個好主意呢！」

這個在兒子房間裡述說的故事，後來果真造成轟動，更在一九六六年被迪士尼公司改編為動畫搬上大螢幕，也就是我們所熟知的小熊維尼（Winnie-the-Pooh）。

給小朋友的貼心話

《小熊維尼》系列原本只是一套附有插畫的童書，擄獲了不少孩子的心，包括迪士尼公司創辦人的女兒。迪士尼見女兒如此喜愛這套書，因而將小熊維尼變成動畫，讓更多孩子感受到小熊維尼帶來的歡樂。

此舉果然奏效！不到三十年的時間，迪士尼公司就宣布，小熊維尼是迪士尼所有的角色中僅次於米奇的最受歡迎角色呢！其周邊產品也為迪士尼帶來許多財富。

每個孩子不僅是父母的寶貝，也是父母生活中不可或缺的「創意」來源呢！

小朋友，你也可以試著為弟弟妹妹甚至爸爸媽媽，說一個自己想像的故事呵！

從一句話開始的兒童文學——約翰．托爾金

二十世紀初，一位牛津大學的教授正端坐在辦公桌前批改學生的考試卷；他悶悶的想：「可憐的大學教師們每年都必須要完成這項苦差事！」

邊改著考卷，一陣倦意襲來；他實在好想睡覺，但一定得在今天前把試卷改完……他又拿起一份試卷要批改；一看，竟然是空白的！

「這孩子不知道怎麼寫嗎？我想，我該寫些什麼送給他……」

於是，這位教授在空白的試卷上寫下了一段話：「在地底的洞裡，住著一個哈比人。」

寫完這句話後，原本很想睡覺的教授突然清醒過來，並且問自己：「我為什麼要寫這一句無厘頭的話呢？一定是我太累了吧？」

他怎麼也沒想到，十八年後，這句話會成為自己著作中開頭的第一句話，並讓他成為人人所熟知的大作家——約翰．托爾金（John Tolkien, 1892-1973）。

托爾金有一個幸福又美滿的家庭，妻子比他年長三歲，兩人相知相守超過六十年，共同養育三個孩子。孩子們很喜歡聽故事；於是，擅長寫作的托爾金，每一年都會在聖誕節的時候，以聖誕老公公的名義寫信給孩子。信裡是各式各樣新奇又有趣的故事，描述著北極所發生的冒險故事；特別的是，每一年都有不同的角色出場，比如聖誕老人、北極熊或是精靈！

有時候，他也會在小書房的火爐邊，跟孩子們講故事。

有一天，他告訴孩子們：「我準備跟你們說一個很長的故事，關於一個長著毛茸茸雙腳的小東西。我們該給他一個名字，你們認為呢？」

孩子們還來不及想，托爾金就自顧自的說：「我想，就叫他哈比人吧！」

故事就這麼開始了：「在地底的洞裡，住著一個哈比人……」

一晚又一晚，孩子們圍在火爐邊，聽著父親講述哈比人的故事；有時候他們也會要求再重聽某個段落，托爾金偶爾在細節上說錯了，還會被孩子們糾正。

「上次你說比爾博家的前門是藍色的，然後梭林的兜帽上有一條金色的穗子；可是你剛剛卻說，比爾博家的前門是綠色的，梭林的兜帽上的穗子是銀色的。」

托爾金總會寵溺的摸著孩子的頭說：「你們記性真好。」然後走到書桌旁做筆記。

托爾金很有語言天分，精通古英語、古威爾斯語、哥特語以及日耳曼

語系，他把這個特長運用在故事裡面，替故事裡的精靈創作出全新的精靈語言；他也很會畫畫，還替哈比人的故事親自繪圖。

不久之後，這則為孩子們講述的兒童故事，被出版社發現並出版，書名就叫做《哈比人歷險記》（*The Hobbit*）。

書一出版就造成轟動，大家搶著閱讀這個獨特又奇幻的故事。

這本書出版之後兩個月，聖誕節來臨了，托爾金的孩子們又收到「聖誕老人」寫來的信；托爾金最小的孩子忍不住回了一封長長的信給聖誕老人，直誇父親寫的書不比聖誕老人寫的故事差，還說：「聖誕老公公，您有聽過這本書嗎？我建議您應該拿這本書作為所有孩子的聖誕禮物！」

給小朋友的貼心話

《哈比人歷險記》是一本寫給孩子們看的書，但故事實在太精采，連大人也很喜愛；他們還寫信給出版社，拜託托爾金：「可不可以讓哈比人繼續冒險呢？」

托爾金想了想，說：「除非把他們投身到另一個更強大、更可怕的世界去，才能繼續冒險。」出版社也鼓勵托爾金繼續以哈比人為主角創作，因而誕生日後眾所周知的《魔戒》（*The Lord of the Rings*）三部曲，成為二十世紀最重要的奇幻文學作品呢！

小朋友，你也喜歡冒險故事嗎？想想看，當自己遇到難題時，是否也能像冒險故事的主角般，積極的去克服困難呢？

從閱讀者變創作者——克利夫・路易斯

一八九八年十一月，位於英國北愛爾蘭最大的海港貝爾法斯特迎來一個新生命，他的父母將孩子命名為克利夫・路易斯（Clive Lewis, 1898-1963）。

路易斯的父母不僅是虔誠的新教徒，同時也熱愛閱讀，家裡的每一個角落——無論是書房、客廳、閣樓，或是浴室、睡房等，都放有大量的書籍；路易斯小的時候，他的玩伴就是這些書。

路易斯很幸福；不僅有父母愛他、保護他，甚至還有一個保母時常來照顧他的生活。

「小路易斯，今天你想聽什麼故事呢？」保母常這樣問他。

路易斯的保母是他的偶像，因為她腦海中總是裝滿著許多希奇古怪的故事。

「我想聽神話故事。」

「沒問題！今天我就來說一個北歐神話。從前從前……」

保母敘述的神話故事以及遠古傳說，在路易斯的心中留下深刻的印象。他十六歲時的某一天，他的腦海裡忽然迸出了一個人物：「有一個人羊，一手拿著包裹，一手撐著雨傘，在森林的雪地裡行走……」

路易斯對於自己構思的這個新奇角色感到滿意極了，心想：「倘若有一天我要寫小說，一定要把這個角色寫進去。」

書籍伴著路易斯成長，路易斯對文學、哲學以及中古及文藝復興時期的英國文學有特別深入的研究；才二十六歲的他，就已經成為著名的牛津大學教授，被當代譽為「最偉大的牛津人」。

路易斯在牛津大學英語學系任教，並在這裡結識了另一名教授，兩人成為無話不談的好朋友，那位教授名叫托爾金。

他們都喜歡閱讀詩集，也對撰寫小說很有興趣，一個星期總要見上三、四次面，討論他們所閱讀的書籍；他們甚至還組成一個讀書會，讀書會的場所就在他們最常去的那家小酒館。

有一天，他們又來到牛津大學附近這家不起眼的小酒館，分享彼此腦海中種種古怪的想法，討論著他們從小就聽過的北歐神話與古老傳說。

「唉！為什麼現在都沒有好的童話故事可以說給孩子們聽呢？」托爾金感嘆著。

路易斯也深有所感，並冒出一個大膽的念頭：「托爾金，不如我們自己來寫兒童故事吧？」

托爾金眼神一亮，「這個主意好！我們各自創作，每寫一個段落就

交給對方看。」

路易斯回家之後，就在書桌前坐下來，毫不猶豫的揮動筆桿；那個在他十六歲時就闖進腦海中的人羊，終於有出場的機會了！

他寫的內容都是小時候聽過、看到的故事中自己最喜歡的，比如「白女巫」就是從安徒生童話得到的靈感；將動物擬人化，像是獅王、人羊等，即是來自保母所說的遠古神話故事。

後來，這本書就成為現在眾所皆知的《獅子、女巫與魔法櫥》（*The Lion, the Witch and the Wardrobe*）。之後他的靈感源源不絕，又以故事中的納尼亞王國為主題，完成另外六部；這七本就組成奇幻文學巨著《納尼亞傳奇》（*The Chronicles of Narnia*），為他贏得英國兒童文學的最高榮譽「卡內基文學獎」！他的好朋友托爾金也不遑多讓，世界聞名的《魔戒》就是他寫的呵！

給小朋友的貼心話

路易斯從小就熱愛閱讀，並將保母說給他聽的故事深深的記在腦海中；尤其是這些故事中的愛與希望、主人翁所展現的勇氣與信心，讓他度過了歡樂的童年時光。他日後所寫的《納尼亞傳奇》，也是想呈獻給小孩子們這些美好。

積沙成塔、粒米成籮，不要小看你所看過的每一行字，也不要輕忽你所聽過的每一句話，那都將化成你的養分，總有一天能派得上用場！

一頭病豬的啟發——埃爾文．懷特

埃爾文．懷特（Elwyn White, 1899-1985）是美國當代著名的散文家，他的一生中有許多著作；其中有三本很特別，是專門為孩子們所寫的，分別是《小不點蕭司特》、《夏綠蒂的網》以及《天鵝的喇叭》。這三本童書中，以《夏綠蒂的網》（*Charlotte's Web*）最受歡迎，至今已經發行了上千萬冊，有二十幾種語言的翻譯。

有一個小孩非常喜歡看童書，尤其是《夏綠蒂的網》，他鼓起勇氣寫了一封信給作者懷特先生，在信上問：「您的童話故事都是真的嗎？」幾日後，懷特回信了，他在信上寫著：「不，它們都是想像出來的故事。不過，在我們的現實生活中，也可以看見這些故事的影子。」

《夏綠蒂的網》就是如此。

懷特是一個道道地地的紐約人，可是他非常嚮往農村生活；因此，他一生大部分的時間都居住在鄉間的農莊裡，過著恬靜的田園生活。

他常說：「我在農莊裡一邊寫作、一邊飼養動物，這些動物都是我的創作靈感呢！」

懷特飼養很多動物，他最會養的就是豬！

有一次，他養的一頭豬生病了；為了救治這頭豬，懷特費盡心思。但是，一個多月過後，這頭豬還是不敵病魔，再也不會醒過來了。

懷特很哀傷的親自為豬兒下葬；此時，他卻有了一個前所未有的想法。

「即使牠不病死，當牠長得非常健壯之後，還不是要被送到屠宰場去，變成豬肉、化為火腿、培根嗎？」懷特感傷的寫下一段文字，「對一個喜愛動物的人來說，農場也是一個惱人的地方；因為，絕大多數牲畜的飼養者，同時也是牠們的謀殺者。」

他看著自己養的豬，從春天餵養，歷經夏天與秋天，最終卻要親手送牠們到天堂。

「不行，我要拯救牠們！」

要怎麼救呢？他決定運用自己最擅長的方式——用故事來拯救！

他計畫撰寫一本有關拯救小豬的兒童故事。

可是，一開始並不是很順利，他遇到了瓶頸：「該找誰來拯救豬？」

日子一天天的過去，終於又來到他最盼望的季節。他總是在一年的特定時間，到緬因州的一個湖上租一間露營小屋，並在這裡悠閒的度過一個月。在他五歲時，父親帶一家人來這裡度假，此後他便愛上了這裡。

他在露營小屋享受悠閒的生活，當然也不忘創作。

「該讓誰來救這隻豬呢？」懷特在露營小屋裡焦慮的走來走去；突然，他抬頭看見一隻又大又灰的蜘蛛懸在梁上，而且還在吐絲編網。「有了！就由你來救他吧！」

他趕緊奔回書桌前，開始下筆：豬兒名為韋伯，他最好的朋友是一隻叫做夏綠蒂的蜘蛛。當韋伯一天天長大，得知自己即將被送去做成培根，他非常害怕與傷心；最後，是聰明的夏綠蒂運用巧思救了韋伯一命，卻犧牲了自己的生命……

這部描寫友誼與奉獻的書，也嚴肅的討論了生命的價值與死亡的課題；不僅讓讀者從故事中感到滿足，也想讓孩子們從中學習生命課題。這在當時的兒童文學裡是很少見的，讓這本書因此登上世界名著之一！

給小朋友的貼心話

懷特是一個喜歡田園生活的人，也在農場的生活中，從小動物們身上學習到對生命的尊重。

他曾說：「動物們平靜的在農場裡生活著，最終卻要面臨可怕的命運；命運的不祥之音始終在牠們耳際迴盪……」於是，他沒有用太多不切實際的幻想，而是現實與直白的寫下《夏綠蒂的網》這本書，想與孩子們一同探討生命的真諦。

小朋友，請和爸爸媽媽一起動動腦，想想有沒有比懷特更棒的方法來拯救韋伯！

飛行員作家——聖修伯里

說起安東尼．聖修伯里（Antoine Saint-Exupery, 1900-1944），大家對他的印象幾乎都是：「創作出《小王子》（*Le Petit Prince*）的作家！」你可以說他是一名作家；不過，在他四十四年的短暫人生中，他真正的職業其實是一名飛行員呵！

聖修伯里小時候搬了好幾次家；有一次，他搬去的地方正緊鄰著飛機場。只要有時間，聖修伯里一定都會到飛機場報到。

「原來，天上飛的那一小點，近距離看竟然這麼大！」他非常驚訝，並且驚歎飛機的美。

他常跟機械師與飛行員聊天；他的熱情讓大家都很歡迎他；尤其是飛行員，常告訴他在飛行途中發生的趣聞。

有一天，一位飛行員正在準備起飛前的整裝，見聖修伯里在旁邊熱切的看著飛機，便彎下腰來問他：「你想不想坐我開的飛機？我帶你飛上天空去吧！」

「真的可以嗎？」這可是他夢寐以求的呢！

當聖修伯里踏進機艙時，他的雙腿不自覺的發起抖來。飛行員看到了，問他：「你很害怕嗎？」

「不是，我太興奮了！」

這是聖修伯里第一次飛上天空，他在機艙裡又哭又笑；「原來天空這麼美？」「天啊，底下的房子小得像玩具一樣！」

這一次的飛行，讓他堅定志向：「我以後一定要成為一位飛行員！」

長大之後，他確實做到了，而且還做得很好！不僅成為第一批駕駛飛機穿越高山和海洋的人，還是第一批運送航空郵件的郵差。

飛行是美好的；賺了錢之後，他甚至自掏腰包買下一駕最新型的飛機，擁有兩百四十匹馬力，是當時法國最好的飛機！

「我想要征服天空，我想要遨翔全世界！」

有一次，他聽說有一位飛行員只花了八十六個小時就從巴黎飛到西貢，這是當時無人能及的紀錄。

「我有這架最好的飛機，一定也能辦到，甚至破了他的紀錄！」

　　於是，他儲備大量燃料，準備食物跟飲水，便與一名機械師一起出發。然而，在途中，多變的天氣背叛了他們，將他們逼往一座山頭，飛機就這麼墜落在沙漠中。

　　幸運的是，他們兩人都存活了下來；悲慘的是，飛機已經不能修理，也不能飛行。他們身上只剩下一幅簡陋的地圖、一點點的水果以及只夠喝一天的飲用水。

他們迷失在炎熱的沙漠裡，隨著分秒飛逝，兩人開始出現幻覺。

「有一隻狐狸耶！」聖修伯里說。

「那兒有一片湖水。」機械師說。

第四天時，他們的嘴巴已經乾到沒有唾液；再這麼下去，兩人就要死在沙漠中了。

幸好上天是眷顧他們的，一個阿拉伯人恰巧路過，救了他們。

聖修伯里將這一段奇妙的經驗以及長年飛行所遇過的點點滴滴以故事的方式記錄下來，前後出版了《夜間飛行》、《人類大地》以及《小王子》。

現在，你知道小王子為什麼會出現在沙漠中了吧？而跟小王子說話、做朋友的狐狸又是從何而來。如果你細細品味《小王子》，或許你也能察覺到，主角小王子有許多特點都跟聖修伯里很相像呢！

給小朋友的貼心話

聖修伯里一生經歷幾次飛機事故，卻沒有因此削減對飛行的熱情，反而把恐懼轉化為能量，融合對天地萬物的觀察與喜愛，將在飛行時所遇到的人事物，都寫成了小說。

他說：「當飛行員還有一項不可或缺的特質，那就是要擁有一顆熱愛生命的心。」正因為如此，他才能夠將恐懼及飛行經歷都化為動人的小說吧！

巧克力發明家——羅爾德．達爾

在歐洲有一支名為「維京人」的民族；他們普遍相信，人往生之後是去另一個世界旅行；因此，他們會在死者的墓穴中放入許多陪葬品，供應亡者在另一個世界使用，包括吃的、穿的以及生活用品；著名的國王或是英雄的陪葬品，甚至還有真正的戰船呢！日後，人們稱這種特別的葬禮為「北歐海盜式葬禮」。

一九九〇年十一月，一位傑出的英國兒童文學作家去世了，享年七十四歲。雖然他出生、成長於英國，父母卻是道道地地的挪威人，所以他的子孫就為他舉辦一場北歐海盜式葬禮。

這位作家就是羅爾德．達爾（Roald Dahl, 1916-1990）。他的陪葬品很特別，有幾瓶紅葡萄酒、巧克力、撞球桿、鉛筆，甚至還有一把鋸子！其實，這些物品都是別具意義的，顯示這位創作出《查理與巧克力工廠》、《怪桃歷險記》、《瑪蒂達》等經典童書的作者是多麼不同凡響。

達爾去世時，英國的報紙說他是「這個世代讀者最多、影響最廣的作家之一」。不過，達爾一開始並不是專職的作家。

他在第二次世界大戰期間擔任戰鬥機飛官，後來在空難中受了重傷，於是被調派擔任情報官。就任的第三天，有一名記者來找他：「先生，您好！我想報導有關於您在空軍生活的故事；希望透過您的故事告訴人民，我們的軍隊是如何英勇！」

「一時之間我也不知道該從何講起。不如這樣吧，我自己寫給您。」達爾說。

這一寫，開啟了達爾的寫作生涯。

他寫了很多故事，其中以《查理與巧克力工廠》（*Charlie and the Chocolate Factory*）最受歡迎，甚至還被譽為二十世紀最受歡迎的兒童文學之一。

對他來說，這個故事也意義非凡；因為，有一部分是在寫自己的親身經歷。

在他就學期間，有一家非常有名的巧克力工廠，時常會寄新口味的巧克力到學校來，請孩子們協助測試味道。

「這個味道太特別了！如果造型改變一下，一定會更棒！」達爾很喜歡吃巧克力，也常在腦海中發明一些新的巧克力，希望有一天能得到這家公司的賞識。

「如果有一天可以到這家巧克力工廠工作該有多好啊！」他邊吃邊想，後來也果真如願！

十三歲那年，他有個機會能到這家工廠工作。看著巧克力從機器中「噴」出來，一個個裹上色彩斑斕的糖衣，真是太美妙了！

於是，當他成為作家之後，就將小時候這段美好經歷寫入故事中，出版了《查理與巧克力工廠》這本書。

故事中的巧克力工廠主人威利．旺卡是世界上最有創意的巧克力發明家，達爾便把小時候的「發明」通通寫入書裡：「他的產品有永遠不會融化的冰淇淋、能吃一輩子的口香糖……」

他也把在巧克力工廠看到的事情寫進去。比如，當時兩大巧克力製造商會互相派間諜到對方工廠去偷取創意；於是，他在書裡寫著：「威利．旺卡曾因為商業間諜偷取祕密配方，導致巧克力工廠倒閉……」

這本書完成之後，達爾滿意極了，因為他終於實現小時候的夢想——當一個很厲害的巧克力發明家！

這也是為什麼他的陪葬品裡會有巧克力的原因呵！

給小朋友的貼心話

達爾雖然去世了，他的幻想仍然持續影響著世界。有間知名的食品公司成立了「威利．旺卡的糖果糕點店」，吸引不少人前往；故事中的幸運金卡，也成為貴重與特別物品的代名詞。他父母的家鄉挪威，甚至還有一個廣場就命名為「羅爾德．達爾廣場」，以紀念這位偉大的兒童作家。

你腦海中也有著天馬行空的幻想嗎？快把它寫下來，或許你也是另一位達爾！

帶回一隻孤單的小熊——麥可・龐德

總是戴著一頂大帽子，無論到哪裡都提著一只皮箱，穿著一件厚呢風衣以及一雙威靈頓長統靴，見人總是很有禮貌的打招呼；他是一隻泰迪熊，而且還很喜歡吃橘子果醬。小朋友，猜出來他是誰了嗎？

沒錯！就是派丁頓熊！

派丁頓熊是英國作家麥可・龐德（Michael Bond, 1926——）在一九五八年所創作出來的角色。龐德可不是憑空想像的呵！派丁頓誕生的背後，有一段充滿愛與溫暖的故事，還有殘酷的戰爭……

龐德原本並不是一位專職作家，而是英國廣播公司的攝影記者，偶爾也會寫一些報導。

一九五七年那年的聖誕節，英國飄起大雪；嚴峻酷寒的天氣，讓正從公司要趕回家的龐德凍得受不了。

「百貨公司看起來很溫暖，我進去避避雪好了。」龐德縮著脖子，一頭鑽入百貨公司內。

百貨公司裡的貨架當時幾乎都是空的，因為父母都來購買禮品要回去送給孩子。

空蕩蕩的貨架上，只剩下一隻泰迪熊。

龐德朝著它走過去，看著小熊孤伶伶的在貨架上，他內心生起一股不忍：「只剩下你在這裡是嗎？讓我帶你回家吧！」

於是，他買下了泰迪熊，並帶回家送給妻子做為聖誕節禮物。

「要幫它取名字吧！」妻子收到小熊後非常開心，聽了小熊的故事後也很捨不得，於是想替它取個名字，讓它真正成為家中的一分子。

「我們就住在派丁頓車站附近，那就叫他派丁頓好了！」小熊就這麼有了名字，也在龐德的家住了下來。

幾天之後，龐德在打字機前思

索文稿，可是怎麼想都沒有靈感。於是，他對著旁邊的小熊自言自語：「我沒有靈感，你有故事嗎？可以說給我聽嗎？」

好像是報恩似的，龐德看著小熊，腦海突然湧現了故事，他的手迅速的在打字機上游移：「布朗先生跟布朗太太第一次遇到派丁頓，是在火車站的月臺上……」

僅僅八天，他就完成了派丁頓的

故事！

龐德是這麼寫的：派丁頓來自祕魯，奉嬸嬸之命移民到英國；他在派丁頓下車之後感到非常迷茫，不知道何去何從，只能孤單的坐在失物招領處的一角。布朗夫婦經過時看到他，也瞧見派丁頓的嬸嬸在他身上掛的牌子，上面寫著：「請您好好照顧這隻熊。」於是，夫婦倆就收留了派丁頓。

派丁頓孤單的坐在失物招領處一角，描述了龐德在百貨公司看到他的那一景；而派丁頓身上掛的牌子，則是龐德在第二次世界大戰期間服役時所見到的景象。

一九三九年，德國空軍轟炸倫敦，英國政府緊急將首都近郊的三百萬名小孩撤離到鄉間；他們被送上火車，由未知的寄養家庭暫時收留。匆忙的父母只能簡單的寫個紙條讓孩子帶在身上給未知的收養家庭，上面多半寫著：「請您照顧這個孩子，謝謝。」

「戰爭是可怕的，但派丁頓是要帶給人們希望和歡樂的！」雖然龐德把戰爭的背景融入派丁頓熊的生平，可是他不願讓孩子們看到戰爭的悲傷。於是，我們所看到的派丁頓，是憨憨傻傻的小熊，雖然總是意外的犯了不少錯，卻有著讓平凡無奇的日常生活變得精采又有趣的能力！

好似是派丁頓的報恩，龐德也因為派丁頓的一系列故事而聞名於世！

二〇〇〇年，派丁頓車站外塑造了一尊派丁頓銅像！這個曾經孤伶伶在貨架上的小熊，現在也和創作出他的作者龐德一樣，都是當代的大明星呢！

給小朋友的貼心話

龐德是一名攝影記者，同時也曾經是一位軍人，經歷非常豐富。他日後將這些經歷中最觸動他心靈的部分，寫入自己所創作的故事裡，給了不少人歡樂，也帶給許多人相當大的啟發。

或許你覺得生活總是平淡無奇；但只要用心感受，再加點想像，其實處處都是故事呵！

國家圖書館出版品預行編目資料

童話大師的故事／凃心怡／作；蕭又菁／繪一初版
臺北市：慈濟傳播人文志業基金會，2014.12
〔民103〕208面；15X21公分
ISBN 978-986-5726-12-6 （平裝）
1.作家 2.世界傳記

781.054　　　　103020444

故事HOME 30

童話大師的故事

創辦者	釋證嚴
發行者	王端正
作者	凃心怡
插畫作者	蕭又菁
出版者	慈濟傳播人文志業基金會
	11259臺北市北投區立德路2號
客服專線	02-28989898
傳真專線	02-28989993
郵政劃撥	19924552　經典雜誌
責任編輯	賴志銘、高琦懿
美術設計	尚璟設計整合行銷有限公司
印製者	禹利電子分色有限公司
經銷商	聯合發行股份有限公司
	新北市新店區寶橋路235巷6弄6號2樓
電話	02-29178022
傳真	02-29156275
出版日	2014年12月初版1刷
建議售價	200元